は じ め に

　東日本大震災は、東北地方に豊穣と憩いを与えてくれる美しい海と、豊かな伝統や文化を育んできた地域に壊滅的な被害を与え、多くの人々の尊い命や暮らしを一瞬にして奪い去りました。

　あの日、2011年3月11日14時46分のあの大きな揺れと、その後、沿岸部を襲った大津波を、わたしたちは忘れません。そして忘れられてもいけないのです。

　航空写真集「津波被災前・後の記録」は宮城・岩手・福島県沿岸部で、震災の前と後に、同じ地点をほぼ同じ高度・角度から撮影した写真を比較し、地点の変わりようを6ヵ月後、1年後にも記録したものです。

　東北建設協会は被災地の状況を把握し、その後、復興に向けた変容ぶりも同じ地点でモニタリングしてきました。写真を比較すると大津波に奪われた自然や、街の変わりようが分かります。

　被災体験を風化させることのないよう、本書が多少なりとも地域の防災対策に役立てば幸いです。

2012年8月

(社)東北建設協会

宮城県
Miyagi

●気仙沼市	①中心部	6〜9
	②鹿折	10〜11
	③梶ヶ浦	12
	④唐桑町岩井沢	13
	⑤大島浦の浜	14〜15
	⑥最知	16〜17
	⑦階上	18〜19
	⑧本吉町大谷	20〜25
	⑨舘鼻崎・明神崎	26〜27
	⑩本吉町小泉	28〜29
●南三陸町	⑪歌津名足	30〜31
	⑫歌津伊里前	32〜33
	⑬志津川	34〜40
●石巻市	⑭北上町相川	41
	⑮北上町大室	42〜43
	⑯北上川河口	44〜47
	⑰長面	48〜55
	⑱新北上大橋	56〜59
	⑲北上町橋浦	60
	⑳雄勝町名振	61
	㉑雄勝町船越	62〜63
	㉒雄勝町	64〜65
	㉓雄勝町大浜	66〜67
	㉔雄勝町立浜	68〜69
	㉕雄勝町水浜分浜	70〜71

国土地理院(承認番号　平23東複、第119号)

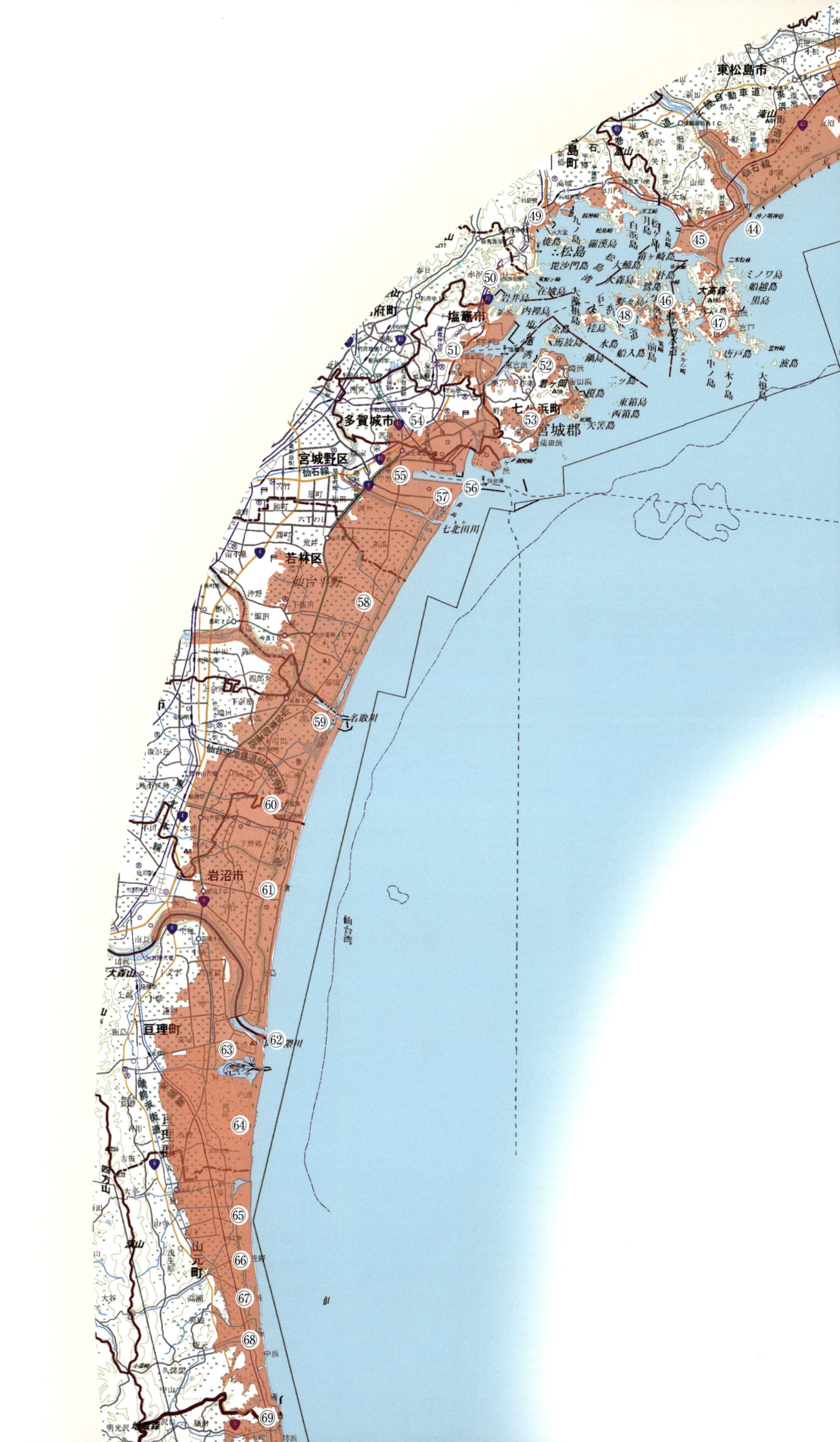

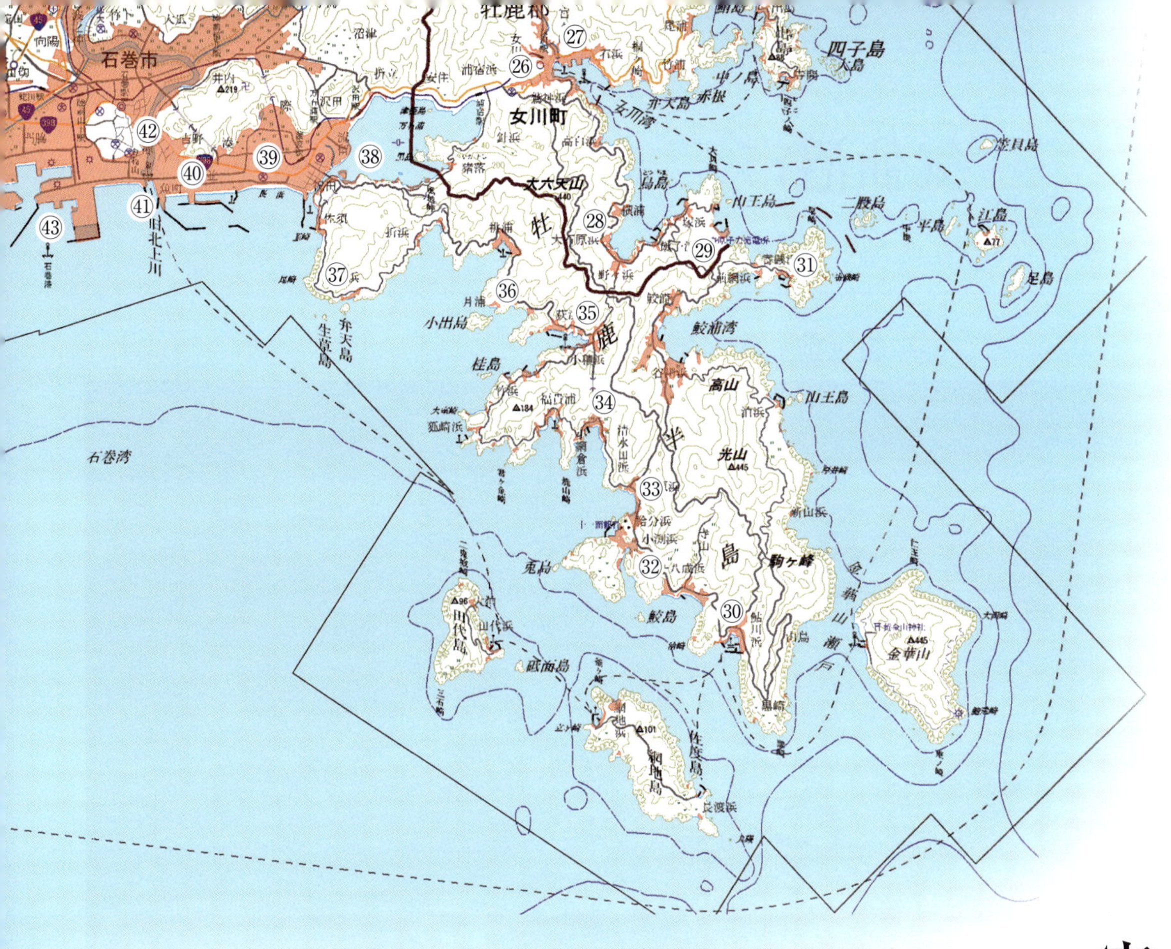

宮城県

Miyagi

●女川町

㉖中心部	72～77
㉗女川港	78～83
㉘横浦	84～85
㉙女川原子力発電所	86～87

●石巻市

㉚鮎川浜	88～89
㉛寄磯浜	90
㉜小渕浜	91
㉝大原浜	92
㉞清水田浜	93
㉟荻浜	94～95
㊱月浦	96
㊲小竹浜	97
㊳万石浦・渡波	98～102
㊴渡波	103
㊵石巻漁港	104～107
㊶中心部・旧北上川河口	108～113
㊷中瀬	114～115
㊸石巻工業港	116～119

●東松島市・塩釜市

㊹鳴瀬川河口	120～121
㊺野蒜	122～124
㊻浦戸寒風沢	125
㊼宮戸	126～127
㊽浦戸寒風沢・野々島	128～129

●松島町

㊾松島港	130～133

●利府町

㊿浜田	134～135

●塩釜市

(51)塩釜港	136～141

●七ヶ浜町

(52)花渕浜	142～143
(53)汐見台	144～145

●仙台市・多賀城市

(54)中心部から仙台港	146～147
(55)仙台港	148～153
(56)高砂コンテナターミナル	154～155
(57)蒲生	156～161
(58)荒浜	162～167

●名取市

(59)閖上・井土浦	168～175

●岩沼市

(60)仙台空港	176～181
(61)二の倉工業団地	182～183

●亘理町

(62)阿武隈川河口	184～185
(63)鳥の海	186～191
(64)吉田浜	192～193

●山元町

(65)花釜	194～195
(66)笠野	196～197
(67)新浜	198～199
(68)坂元	200～203
(69)磯浜	204～207

国土地理院（承認番号 平23東復、第119号）

宮城県

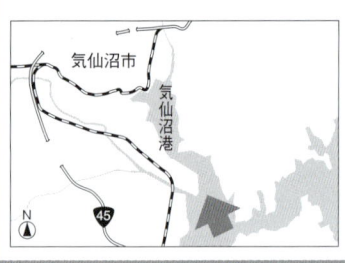

気仙沼市

被災前　2004年5月撮影

被災後　2011年3月28日撮影

被災後（6ヶ月後） 2011年9月27日撮影

被災後（1年後） 2012年3月30日撮影

宮城県

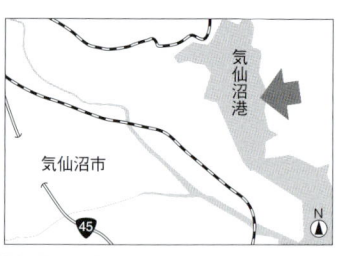

気仙沼市

被災前　2007年5月撮影

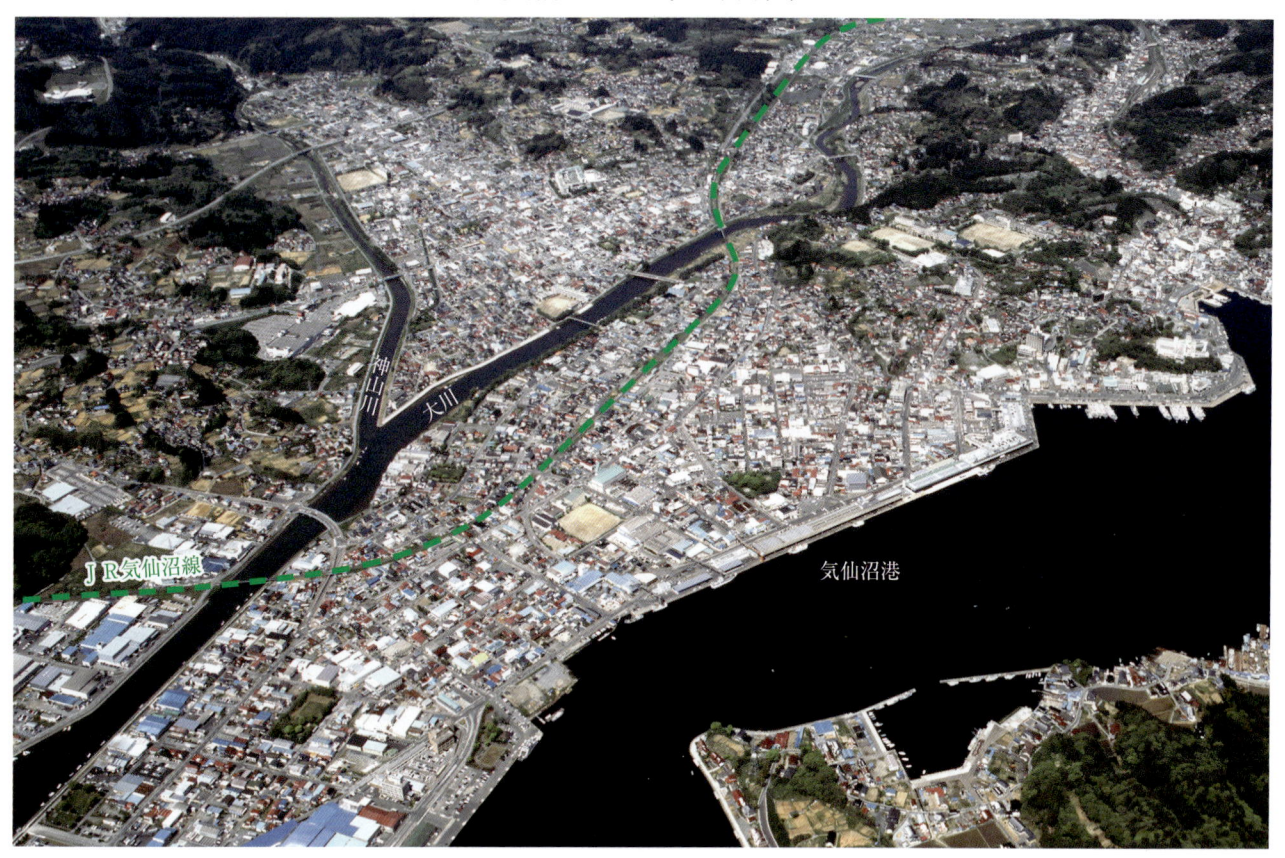

被災後　2011年3月28日撮影

被災後（6ヶ月後）　2011年9月27日撮影

被災後（1年後）　2012年3月30日撮影

宮城県

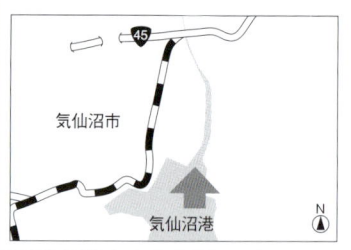

気仙沼市鹿折

被災前　2009年4月撮影

被災後　2011年3月28日撮影

被災後(6ヶ月後) 2011年9月27日撮影

被災後(1年後) 2012年3月30日撮影

宮城県

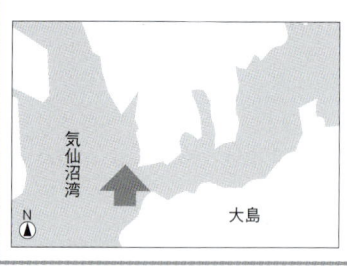

気仙沼市梶ヶ浦

被災前　1998年10月撮影

被災後　2011年4月5日撮影

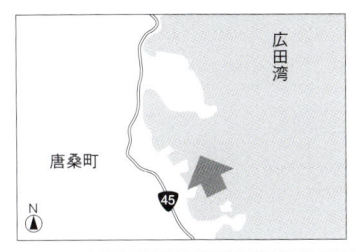

気仙沼市唐桑町岩井沢

被災前　1998年10月撮影

被災後　2011年6月19日撮影

宮城県

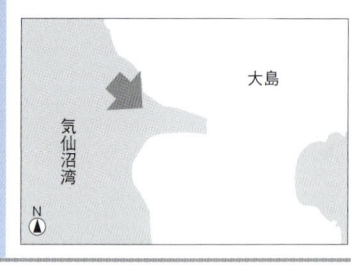

気仙沼市大島浦の浜

被災前　2003年6月撮影

浦の浜漁港

被災後　2011年3月28日撮影

被災後（6ヶ月後）　2011年9月27日撮影

被災後（1年後）　2012年3月30日撮影

宮城県

気仙沼市最知

被災前　2002年8月撮影

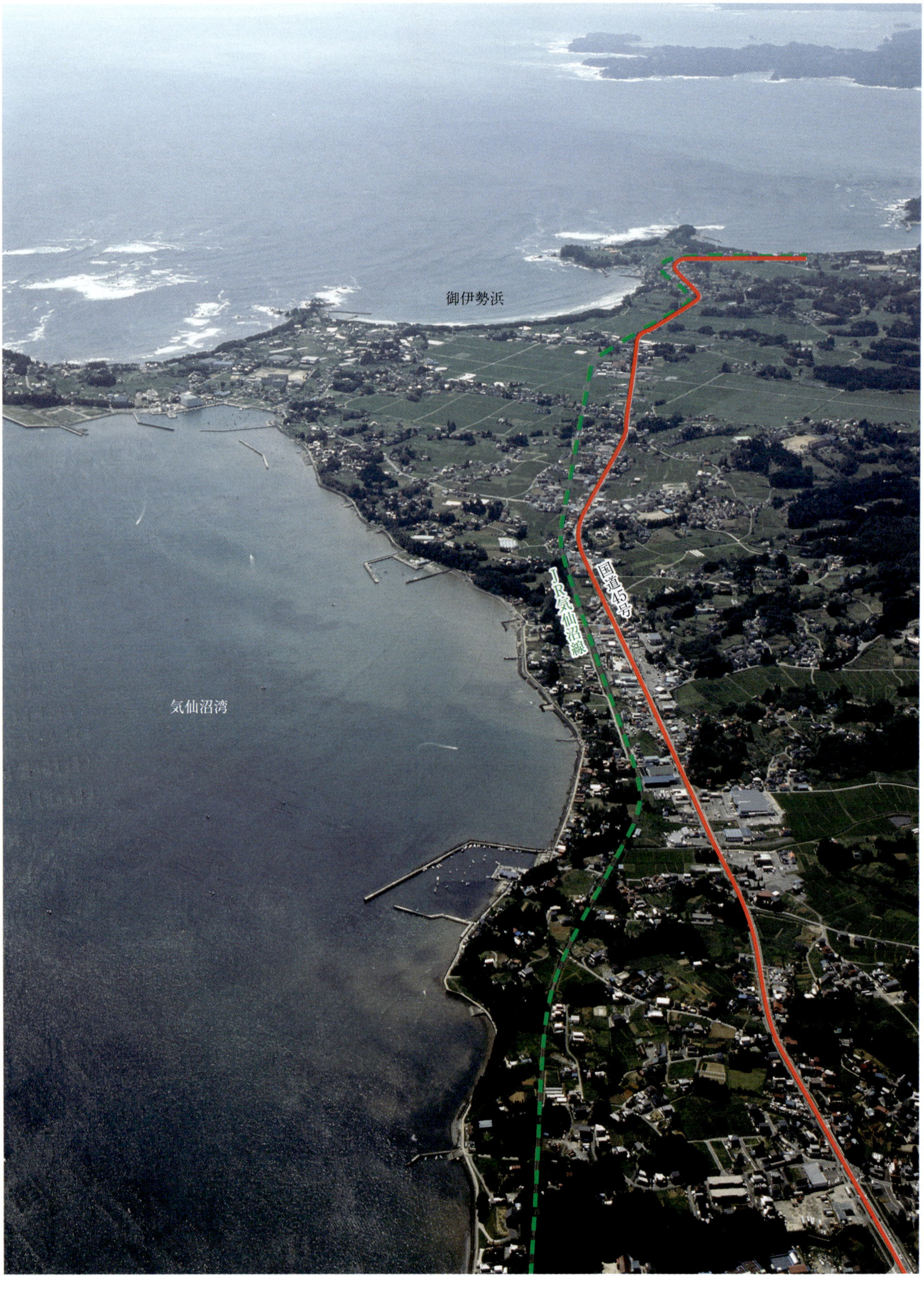

被災後　2011年4月17日撮影

被災後（1年後）　2012年3月30日撮影

宮城県

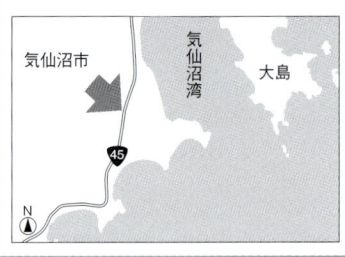

気仙沼市階上

被災前　2007年5月撮影

被災後　2011年4月17日撮影

被災後（6ヶ月後）　2011年10月9日撮影

宮城県

気仙沼市本吉町大谷

被災前　2003年8月撮影

被災後　2011年4月17日撮影

被災後（6ヶ月後）　2011年10月9日撮影

宮城県

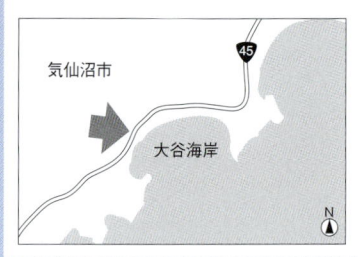

気仙沼市本吉町大谷海岸

被災前　2006年3月撮影

被災後　2011年3月28日撮影

被災後（6ヶ月後）　2011年10月8日撮影

宮城県

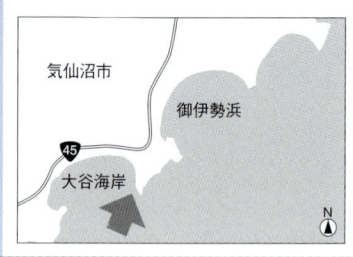

気仙沼市本吉町大谷

被災前　2003年8月撮影

被災後　2011年4月17日撮影

被災後（1年後）　2012年3月30日撮影

宮城県

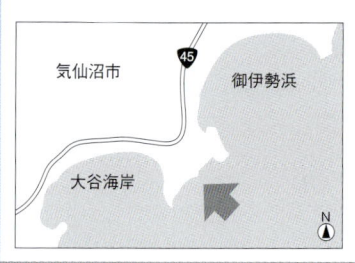

気仙沼市舘鼻崎・明神崎

被災前　1998年10月撮影

被災後　2011年4月17日撮影

被災後（6ヶ月後）　2011年10月8日撮影

被災後（1年後）　2012年3月30日撮影

宮城県

気仙沼市本吉町小泉

被災前　1998年10月撮影

被災後　2011年4月5日撮影

被災後（6ヶ月後）　2011年10月8日撮影

被災後（1年後）　2012年3月30日撮影

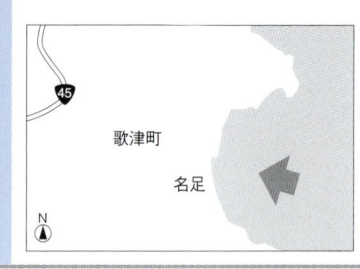

宮城県

南三陸町歌津名足

被災前　1998年5月撮影

被災後　2011年6月19日撮影

被災後（11ヶ月後）　2012年2月22日撮影

被災後（1年後）　2012年3月30日撮影

宮城県

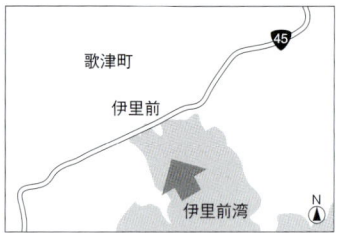

南三陸町歌津伊里前

被災前　1998年5月撮影

被災後　2011年3月28日撮影

被災後（1年後）　2012年3月30日撮影

宮城県

南三陸町志津川

被災前　2001年5月撮影

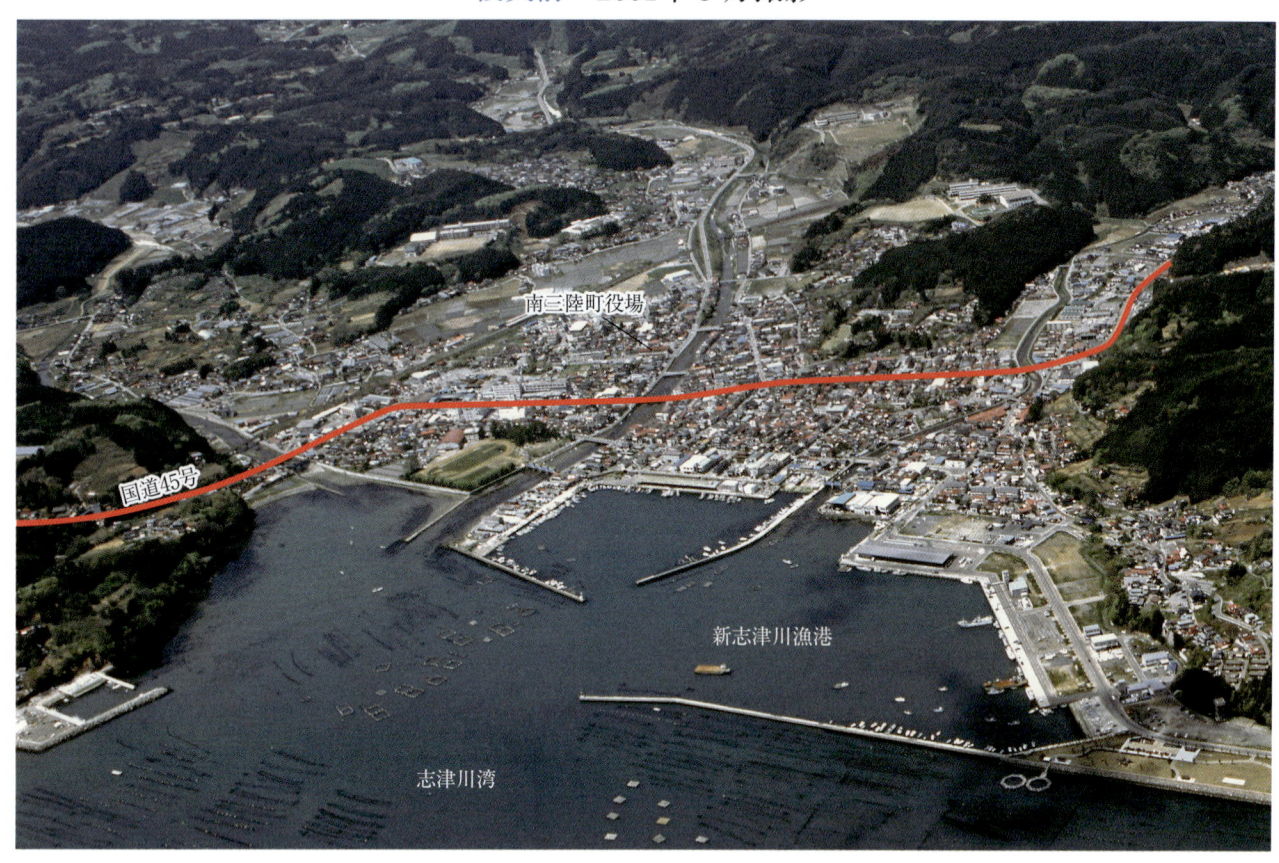

被災後　2011年3月28日撮影

被災後(6ヶ月後) 2011年10月8日撮影

被災後(1年後) 2012年3月30日撮影

宮城県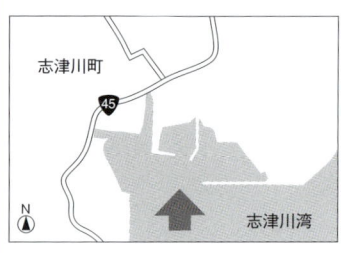

南三陸町志津川

被災前　2001年5月撮影

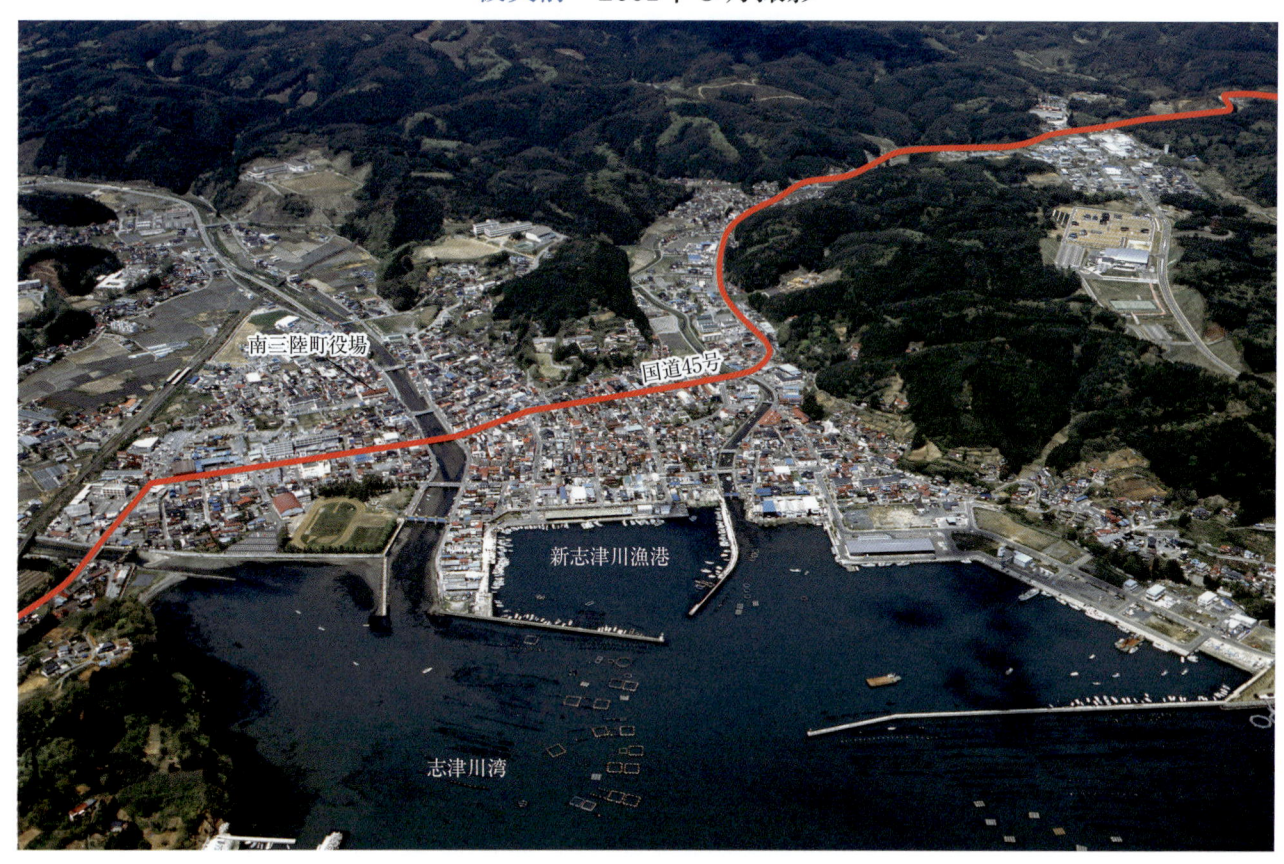

被災後　2011年3月28日撮影

被災後（6ヶ月後）　2011年10月8日撮影

被災後（1年後）　2012年3月30日撮影

宮城県

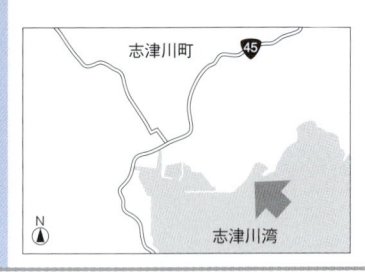

南三陸町志津川

被災前　2001年10月撮影

被災後（6ヶ月後）　2011年10月8日撮影

被災後（1年後）　2012年3月30日撮影

宮城県

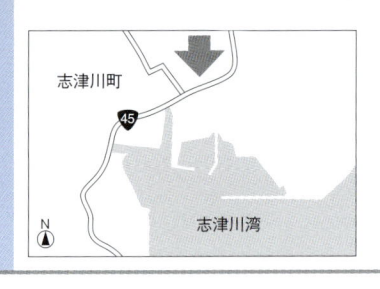

南三陸町志津川

被災前　2009年3月撮影

被災後　2011年4月5日撮影

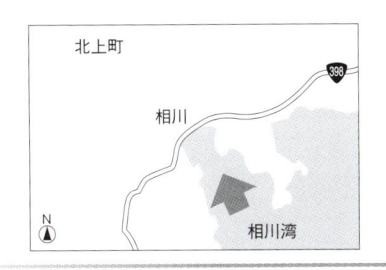

石巻市北上町相川

被災前　1998年5月撮影

国道398号

相川湾

被災後　2011年6月19日撮影

宮城県

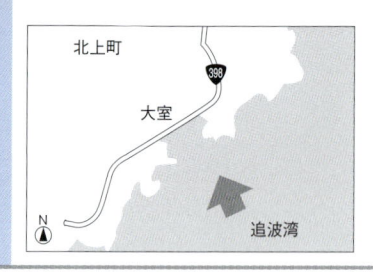

石巻市北上町大室

被災前　2001年5月撮影

被災後　2011年6月19日撮影

被災後（1年後）　2012年4月2日撮影

宮城県

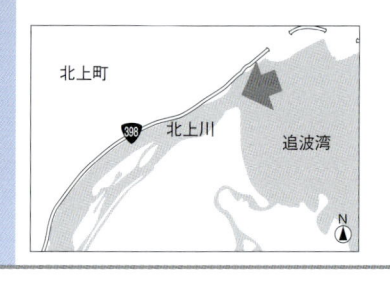

石巻市北上川河口

被災前　1990年9月撮影

被災後　2011年4月5日撮影

被災後(6ヶ月後)　2011年10月8日撮影

被災後(1年後)　2012年4月2日撮影

宮城県

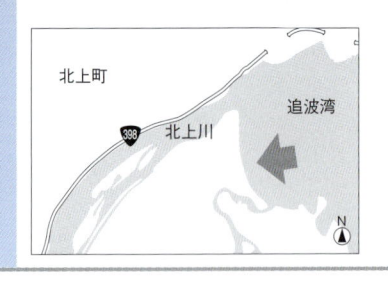

石巻市北上川河口

被災前　1985年3月撮影

被災後　2011年4月17日撮影

被災後（6ヶ月後）　2011年10月8日撮影

被災後（1年後）　2012年4月2日撮影

宮城県

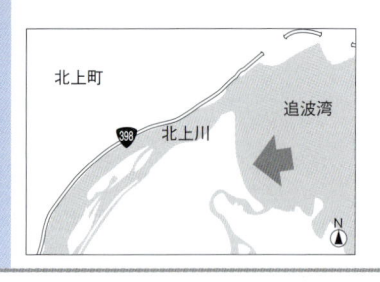

石巻市長面

被災前　1998年10月撮影

被災後　2011年6月19日撮影

被災後（6ヶ月後）　2011年10月8日撮影

被災後（1年後）　2012年3月16日撮影

宮城県

石巻市長面浦

被災前　1998年10月撮影

被災後　2011年4月17日撮影

被災後（1年後）　2012年4月2日撮影

宮城県

北上川 追波湾
長面浦

石巻市長面浦

被災前　2000年5月撮影

追波湾

長面浦

被災後　2011年4月17日撮影

被災後（6ヶ月後）　2011年10月8日撮影

宮城県

石巻市長面浦

被災前 1999年5月撮影

被災後 2011年4月17日撮影

被災後（6ヶ月後）　2011年10月8日撮影

被災後（1年後）　2012年4月2日撮影

宮城県

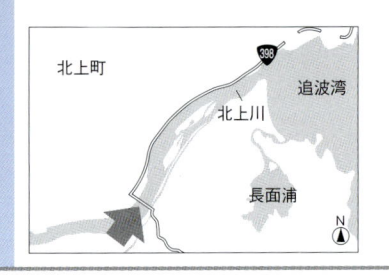

石巻市新北上大橋から河口

被災前　1985年11月撮影

被災後　2011年4月17日撮影

被災後（6ヶ月後）　2011年10月8日撮影

被災後（1年後）　2012年4月2日撮影

宮城県

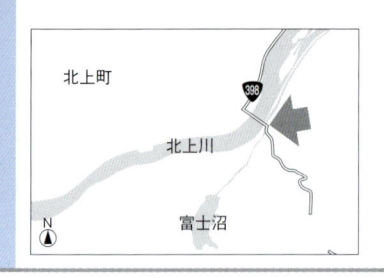

石巻市新北上大橋

被災前　1982年8月撮影

被災後　2011年4月17日撮影

被災後（6ヶ月後）　2011年10月8日撮影

宮城県

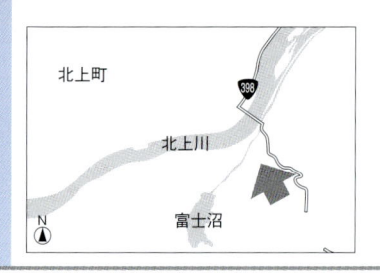

石巻市北上町橋浦

被災前　1997年5月撮影

被災後　2011年4月5日撮影

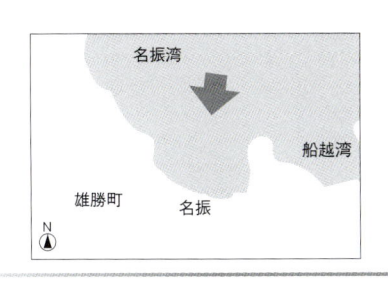

石巻市雄勝町名振

被災前　1998年5月撮影

被災後　2011年4月17日撮影

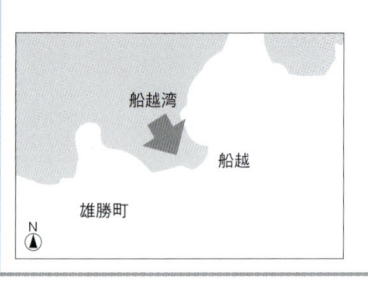

宮城県

石巻市雄勝町船越

被災前　1998年5月撮影

被災後　2011年4月17日撮影

被災後（6ヶ月後）　2011年10月8日撮影

被災後（1年後）　2012年4月2日撮影

宮城県

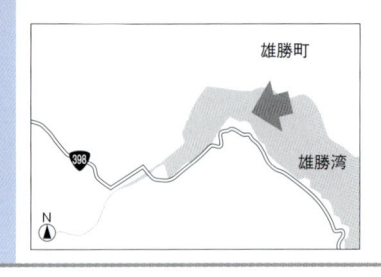

石巻市雄勝町

被災前 2003年8月撮影

被災後 2011年4月5日撮影

被災後（6ヶ月後）　2011年10月8日撮影

被災後（1年後）　2012年4月2日撮影

宮城県

雄勝町 大浜 雄勝湾

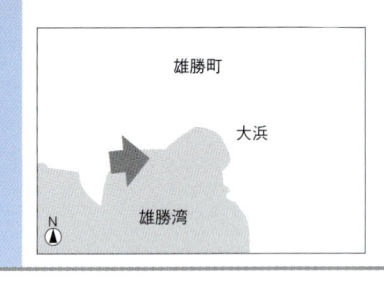

石巻市雄勝町大浜

被災前　1998年5月撮影

雄勝湾

被災後　2011年6月19日撮影

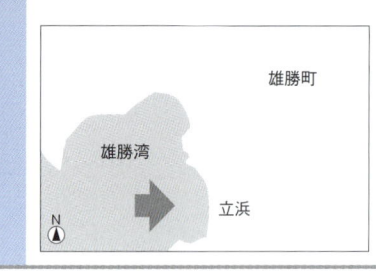

宮城県

石巻市雄勝町立浜

被災前　2002年5月撮影

被災後　2011年4月17日撮影

被災後（6ヶ月後）　2011年10月8日撮影

被災後（1年後）　2012年4月2日撮影

宮城県

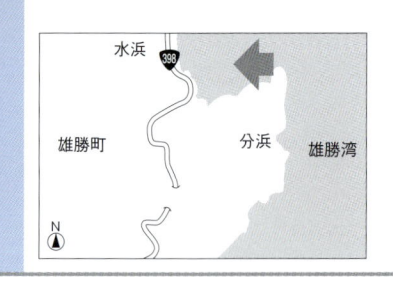

石巻市雄勝町水浜分浜

被災前　1998年5月撮影

被災後　2011年6月19日撮影

被災後（11ヶ月後）　2012年2月20日撮影

被災後（1年後）　2012年4月2日撮影

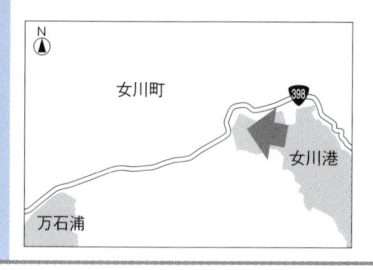

宮城県 女川町

万石浦

被災前　2006年6月撮影

女川町立病院　女川町役場　女川港

被災後　2011年4月17日撮影

72

被災後（6ヶ月後）　2011年10月9日撮影

被災後（1年後）　2012年3月29日撮影

宮城県

女川町

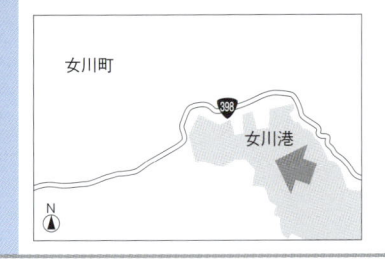

女川町

被災前　2010年7月撮影

被災後　2011年4月5日撮影

被災後（6ヶ月後）　2011年10月9日撮影

宮城県

女川町

万石浦

女川町

被災前　2002年8月撮影

女川町役場
女川町立病院
女川港
女川港

被災後　2011年4月5日撮影

被災後（1年後）　2012年3月14日撮影

宮城県

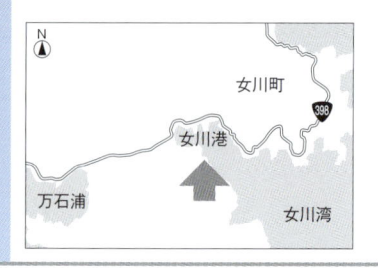

女川港

被災前　2002年5月撮影

被災後　2011年6月19日撮影

被災後（6ヶ月後）　2011年10月9日撮影

被災後（1年後）　2012年3月29日撮影

宮城県

女川港

被災前　2003年6月撮影

被災後　2011年6月19日撮影

被災後（1年後）　2012年3月14日撮影

宮城県

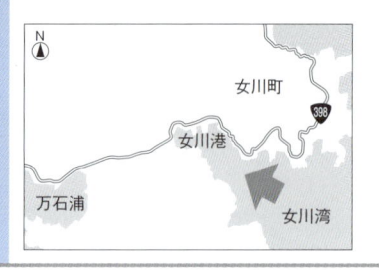

女川町

被災前　2010年7月撮影

女川港

湾口防波堤

女川湾

被災後　2011年6月19日撮影

被災後（6ヶ月後）　2011年10月9日撮影

宮城県

女川町横浦

被災前　1998年5月撮影

被災後　2011年6月15日撮影

被災後（1年後）　2012年3月29日撮影

宮城県

女川原子力発電所

被災前　2001年5月撮影

被災後　2011年6月15日撮影

被災後(11ヶ月後)　2012年2月20日撮影

被災後(1年後)　2012年3月29日撮影

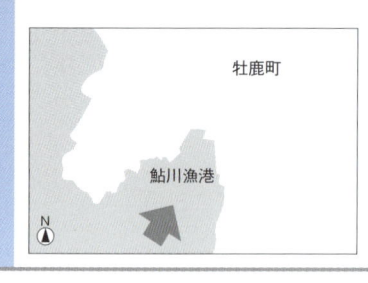

宮城県

石巻市鮎川浜

被災前　2002年5月撮影

被災後　2011年6月15日撮影

被災後（6ヶ月後）　2011年10月9日撮影

被災後（1年後）　2012年3月29日撮影

宮城県

牡鹿町
寄磯
鮫浦湾

石巻市寄磯浜

被災前　2004年5月撮影

寄磯小学校

鮫浦湾

被災後　2011年6月15日撮影

石巻市小渕浜

被災前　1997年5月撮影

被災後　2012年2月20日撮影

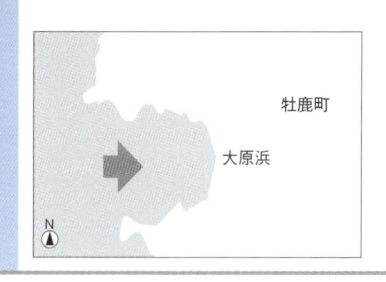

宮城県

石巻市大原浜

被災前　1990年3月撮影

被災後　2012年2月20日撮影

石巻市清水田浜

被災前　1999年10月撮影

被災後　2012年2月20日撮影

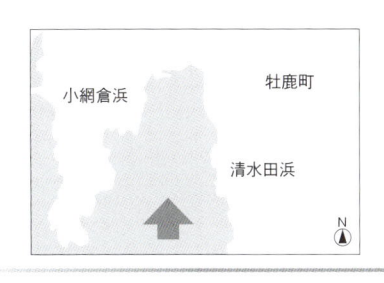

宮城県

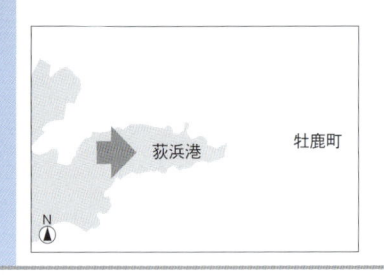

牡鹿町 荻浜港

石巻市荻浜

被災前　2004年5月撮影

荻浜港

被災後　2011年6月15日撮影

被災後（1年後）　2012年3月29日撮影

宮城県

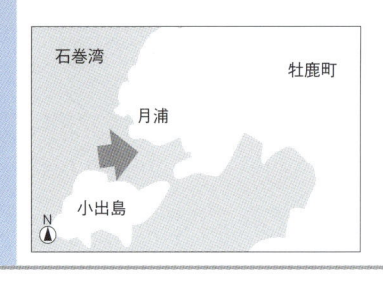

石巻市月浦

被災前　1995年5月撮影

被災後　2012年2月20日撮影

石巻市小竹浜

被災前　2003年8月撮影

被災後　2012年2月20日撮影

宮城県

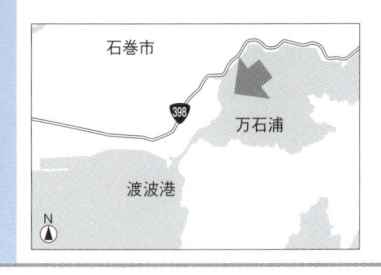

石巻市万石浦・渡波

被災前　2003年10月撮影

被災後（6ヶ月後）　2011年10月9日撮影

被災後（1年後）　2012年3月29日撮影

宮城県

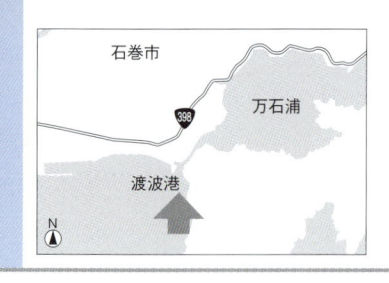

石巻市渡波

被災前　2003年9月撮影

被災後（6ヶ月後）　2011年10月9日撮影

被災後（1年後）　2012年3月29日撮影

宮城県

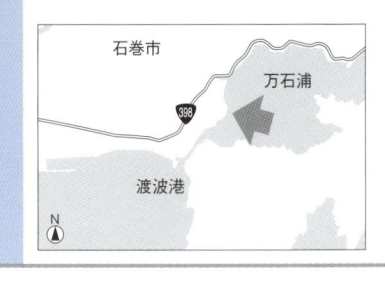

石巻市万石浦

被災前　2003年10月撮影

被災後　2011年10月9日撮影

102

石巻市渡波

被災前　2001年5月撮影

被災後　2011年10月9日撮影

宮城県

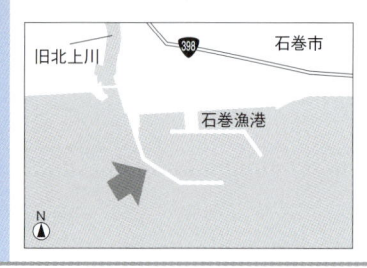

石巻漁港

被災前　2003年8月撮影

被災後（6ヶ月後）　2011年10月9日撮影

被災後（1年後）　2012年3月29日撮影

宮城県

石巻漁港

被災前　2001年5月撮影

被災後　2011年6月9日撮影

宮城県

石巻市

被災前　2005年10月撮影

日和山公園
石ノ森漫画館
旧北上川
石巻港
石巻漁港
石巻工業港

被災後　2011年6月15日撮影

被災後（1年後）　2012年3月29日撮影

宮城県

石巻市旧北上川河口

被災前　2001年9月撮影

被災後　2011年4月5日撮影

110

被災後（6ヶ月後）　2011年10月9日撮影

被災後（1年後）　2012年3月29日撮影

宮城県

石巻市日和大橋

被災前　1999年11月撮影

被災後　2011年4月17日撮影

被災後（6ヶ月後）　2011年10月9日撮影

宮城県

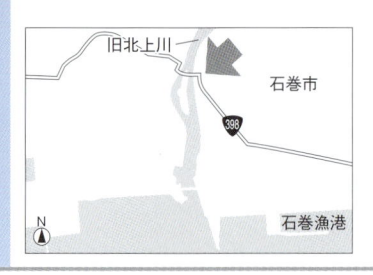

石巻市中瀬

被災前　2001年9月撮影

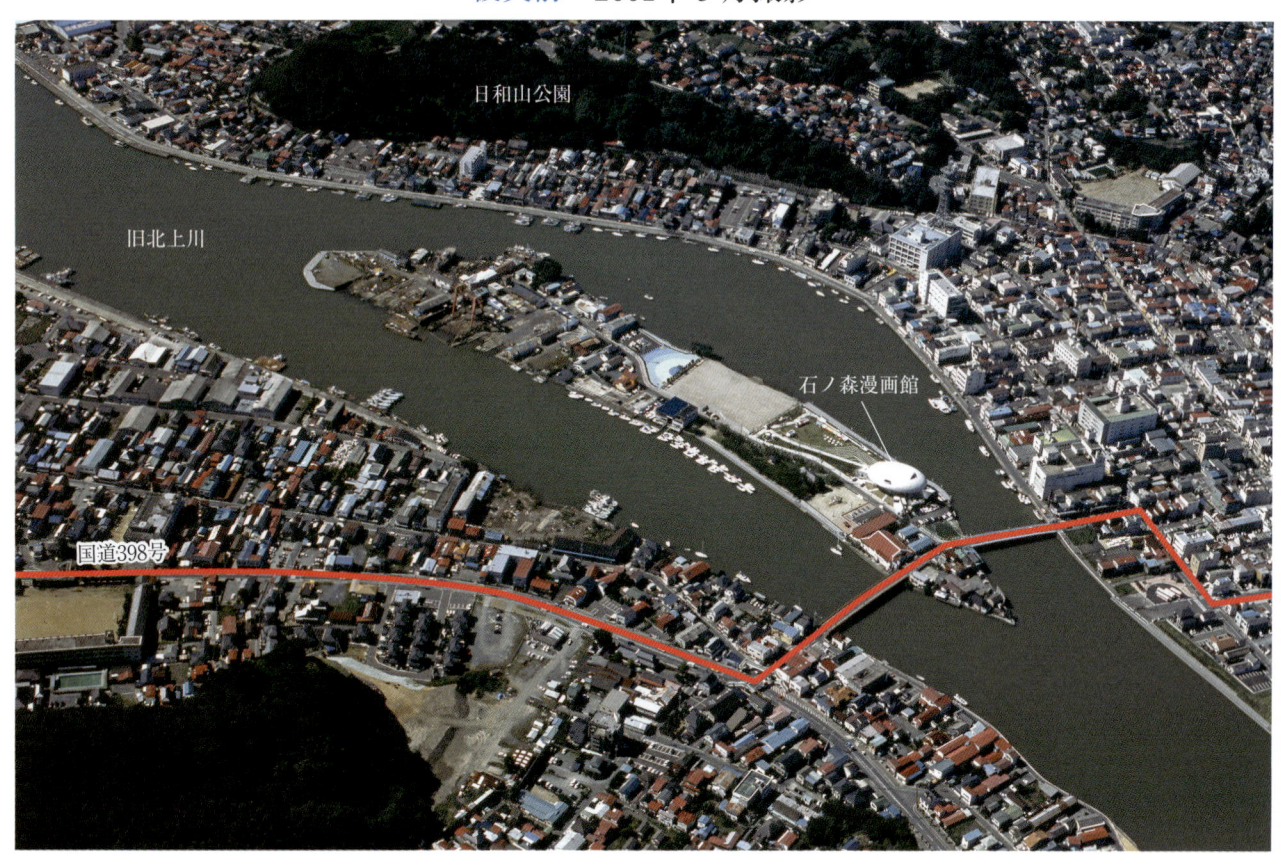

被災後　2011年4月17日撮影

被災後（6ヶ月後）　2011年10月9日撮影

被災後（1年後）　2012年3月29日撮影

宮城県

石巻工業港　石巻市

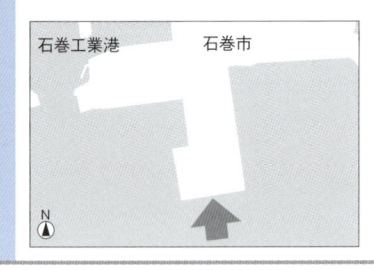

石巻工業港

被災前　2009年6月撮影

石巻工業港

石巻湾

被災後　2011年4月17日撮影

被災後（6ヶ月後）　2011年10月9日撮影

宮城県

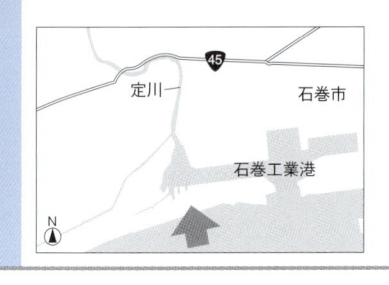

石巻工業港

被災前　2001年5月撮影

被災後　2011年4月17日撮影

被災後(6ヶ月後)　2011年10月9日撮影

被災後(1年後)　2012年3月29日撮影

宮城県

東松島市鳴瀬川河口

被災前　2003年5月撮影

被災後　2011年4月17日撮影

被災後（6ヶ月後）　2011年10月4日撮影

被災後（1年後）　2012年3月29日撮影

宮城県

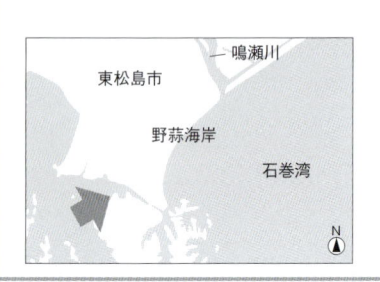

東松島市野蒜

被災前　2007年5月撮影

被災後　2011年4月5日撮影

被災後（6ヶ月後）　2011年10月4日撮影

被災後（1年後）　2012年3月29日撮影

宮城県

東松島市野蒜

被災前　1998年10月撮影

被災後　2011年4月17日撮影

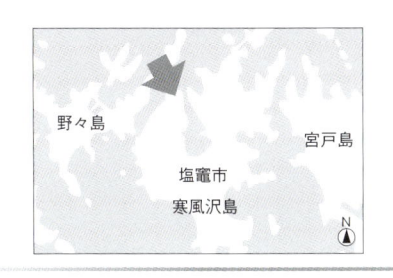

塩釜市浦戸寒風沢

被災前　2000年3月撮影

被災後　2011年6月9日撮影

東松島市宮戸

宮城県 東松島市宮戸島

被災前　1998年10月撮影

宮戸島

月浜漁港

被災後　2011年4月17日撮影

被災後（1年後）　2012年3月29日撮影

宮城県

塩釜市浦戸寒風沢・野々島

被災前　2001年5月撮影

被災後　2011年4月17日撮影

被災後（1年後）　2012年3月29日撮影

宮城県

松島町

被災前　2005年10月撮影

被災後　2011年4月5日撮影

被災後（1年後）　2012年3月29日撮影

宮城県

松島町

被災前　2010年6月撮影

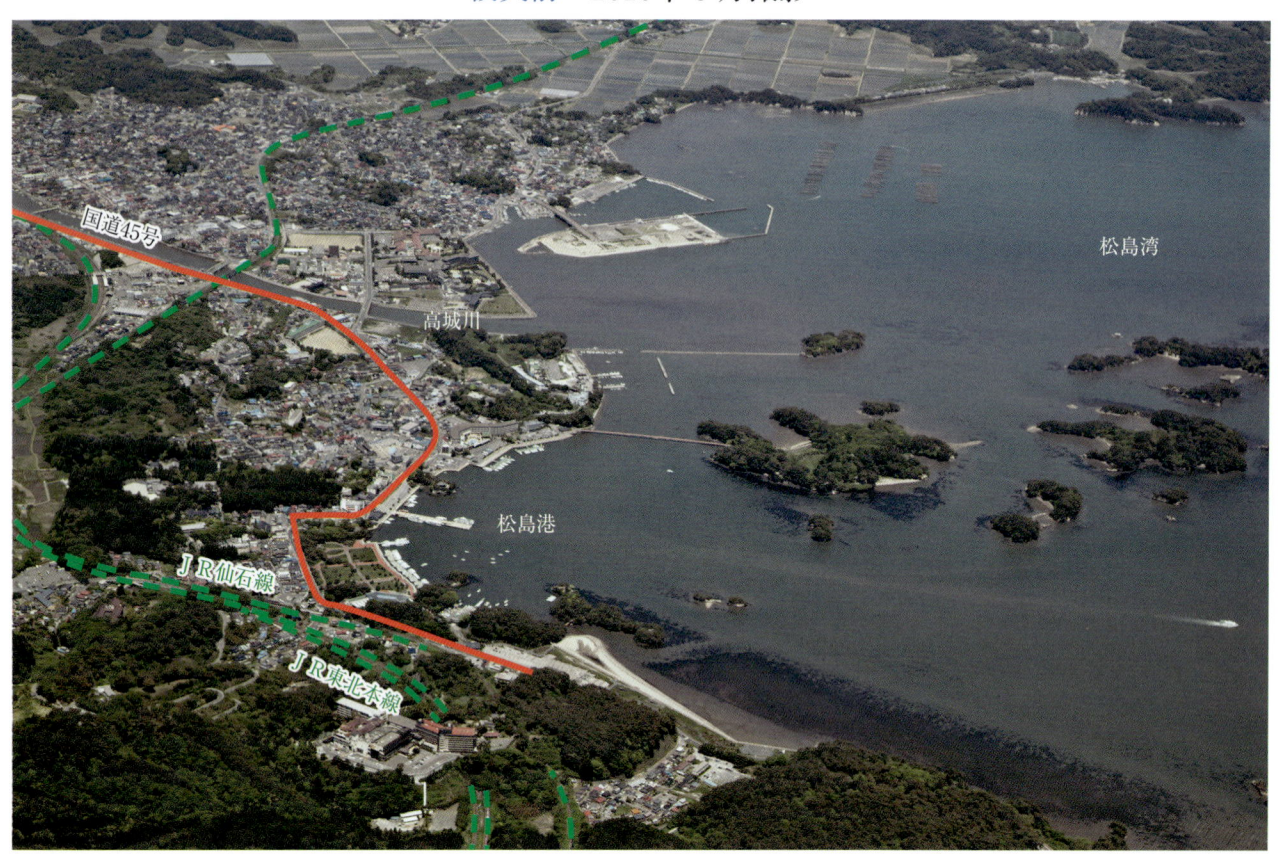

被災後　2011年4月17日撮影

被災後（9ヶ月後）　2011年12月14日撮影

被災後（1年後）　2012年3月29日撮影

宮城県

利府町浜田

被災前　2010年6月撮影

被災後　2011年6月9日撮影

被災後（1年後）　2012年3月29日撮影

宮城県

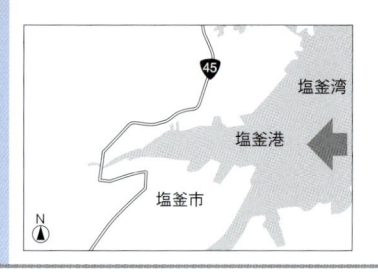

塩釜港

被災前　2011年2月撮影

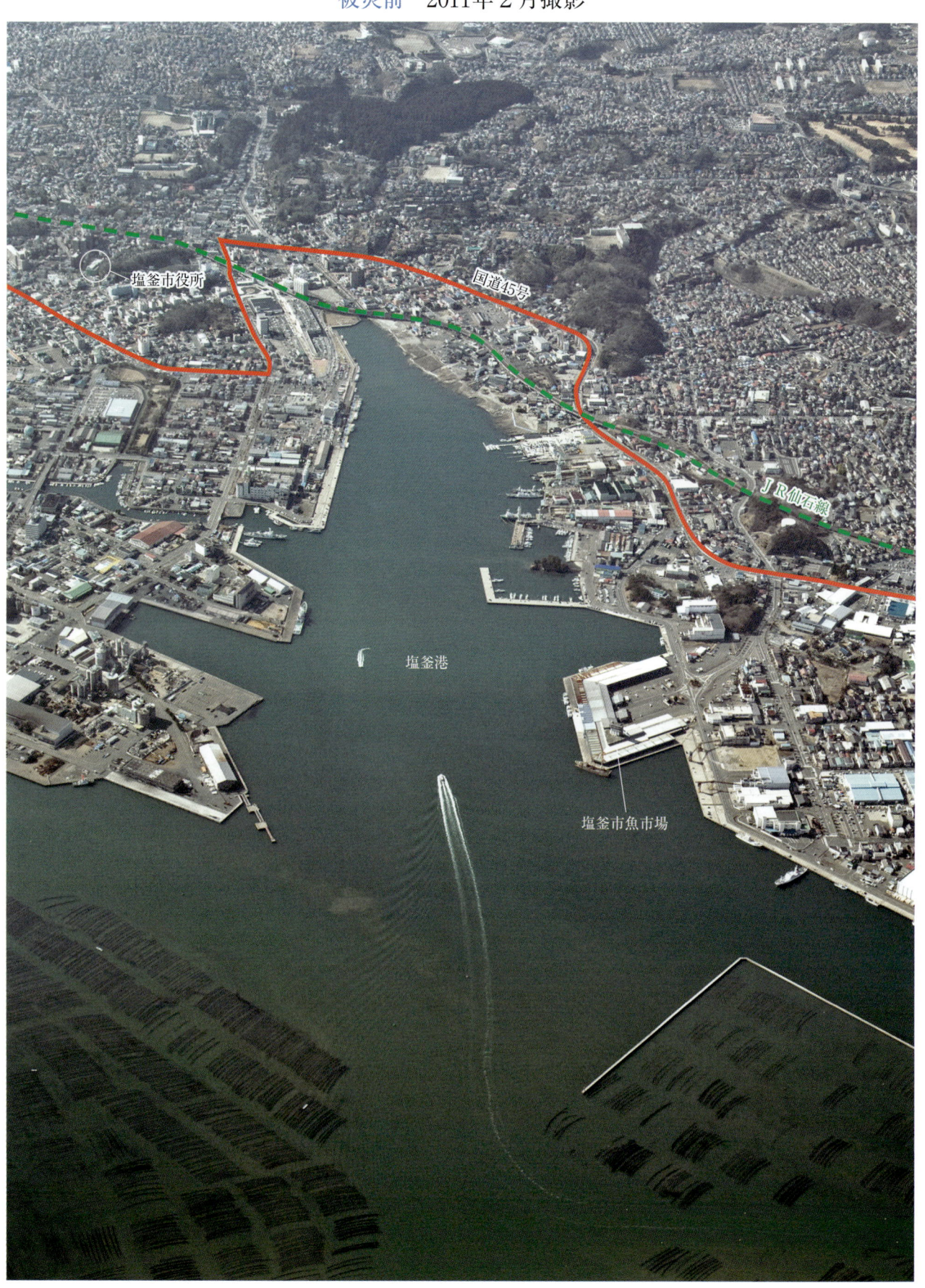

被災後　2011年4月17日撮影

被災後（1年後）　2012年3月29日撮影

宮城県

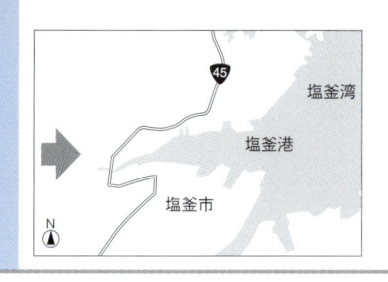

塩釜港

被災前　2000年3月撮影

被災後　2011年6月6日撮影

被災後（6ヶ月後）　2011年10月18日撮影

被災後（1年後）　2012年3月29日撮影

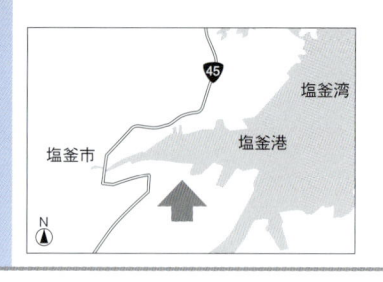

宮城県

塩釜港

被災前　2007年12月撮影

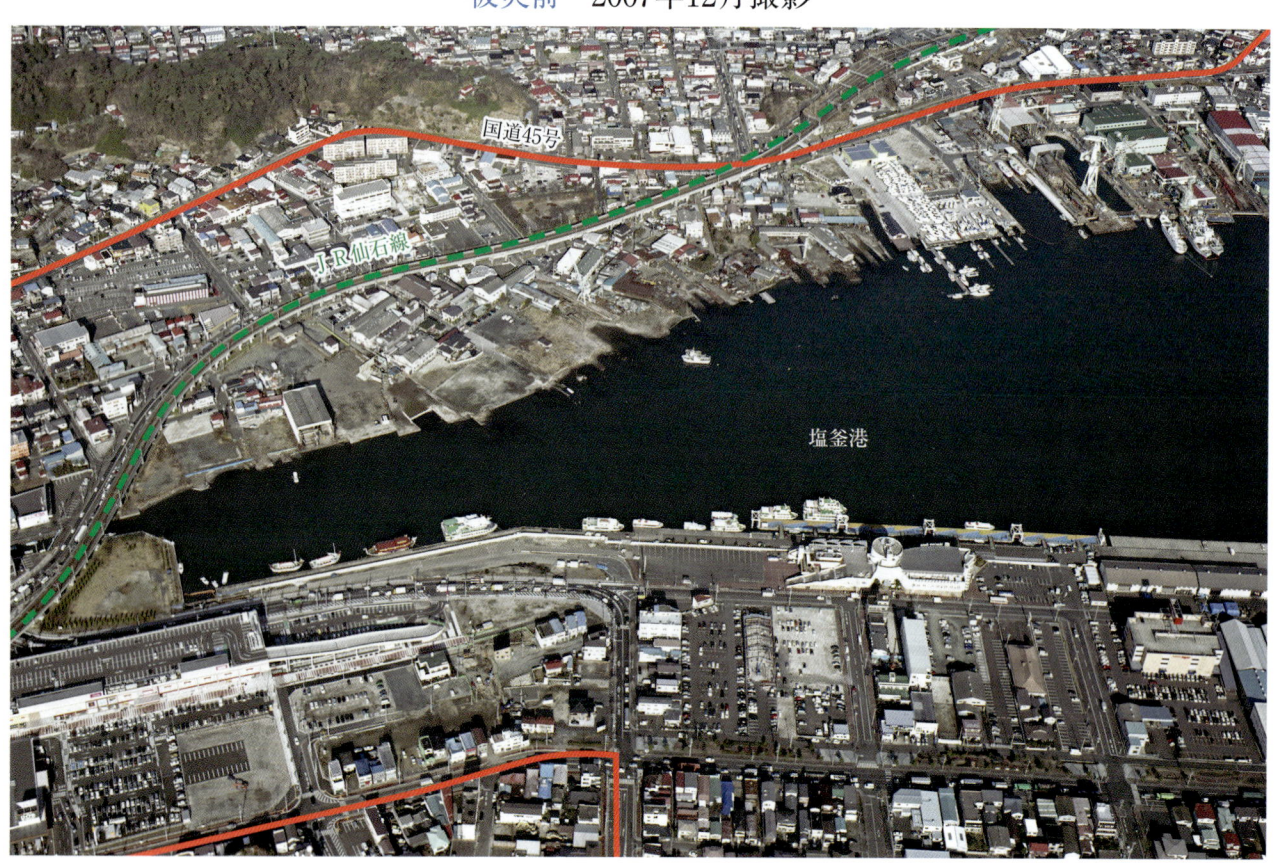

国道45号
JR仙石線
塩釜港

被災後　2011年6月9日撮影

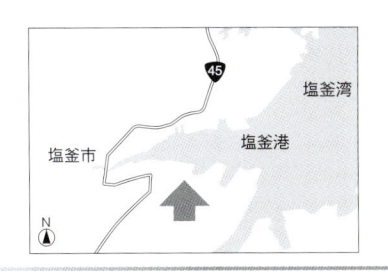

塩釜港

被災前　2007年12月撮影

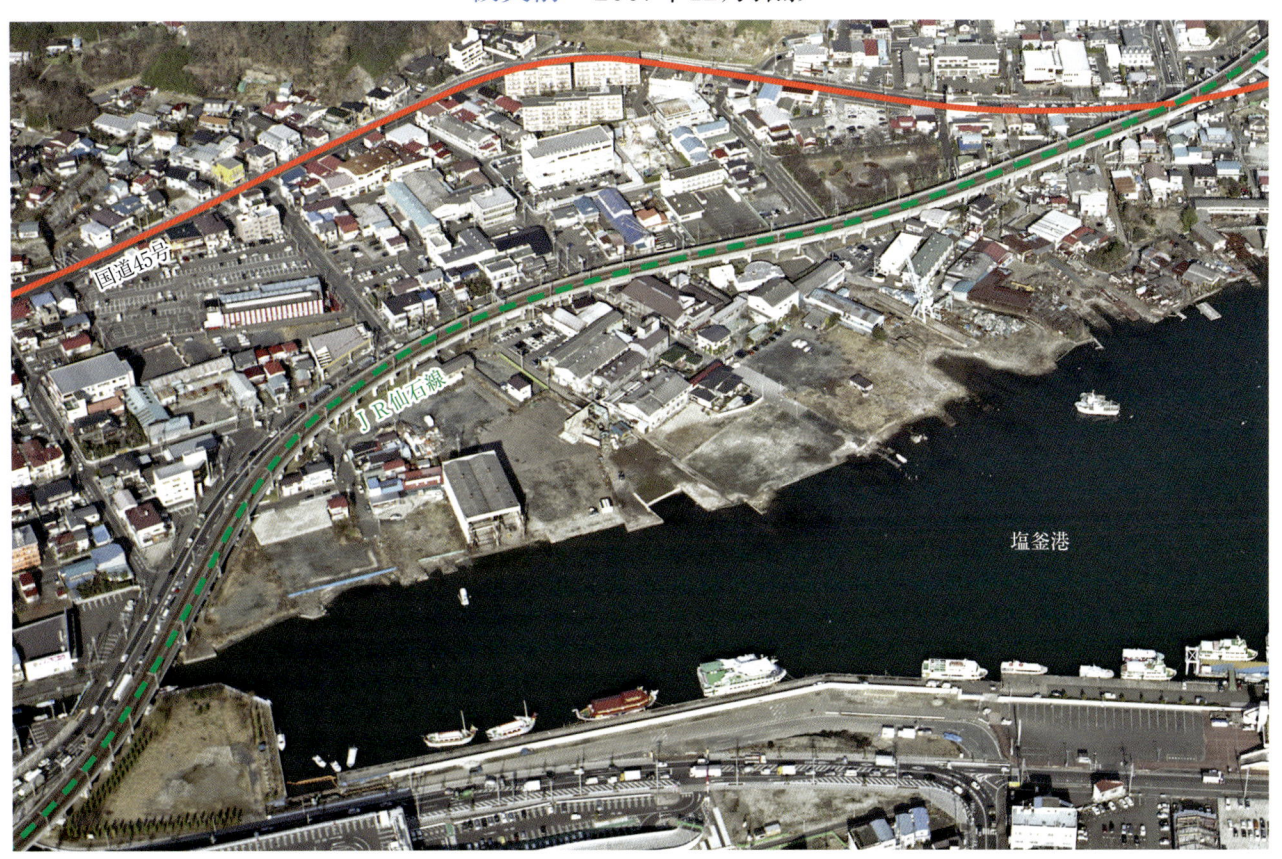

被災後　2011年6月9日撮影

宮城県

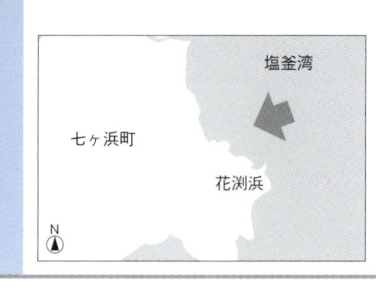

七ヶ浜町花渕浜

被災前　2000年3月撮影

吉田花渕港

花渕小浜港

被災後　2011年4月5日撮影

被災後（1年後）　2012年3月29日撮影

宮城県

七ヶ浜町汐見台

貞山運河
七ヶ浜町
仙台湾　N

被災前　2008年5月撮影

塩釜港
阿川沼

被災後　2011年4月5日撮影

仙台湾

被災後（6ヶ月後）　2011年10月 4 日撮影

被災後（1年後）　2012年 3 月29日撮影

宮城県

多賀城市から仙台港

被災前　2010年11月撮影

被災後　2011年4月17日撮影

被災後（1年後）　2012年3月29日撮影

宮城県

仙台港

被災前　2010年9月撮影

被災後　2011年4月5日撮影

被災後（6ヶ月後）　2011年10月18日撮影

被災後（1年後）　2012年3月29日撮影

宮城県

多賀城市町前・宮内

被災前　2006年5月撮影

仙台港

仙台東部道路

国道45号

被災後　2011年4月5日撮影

被災後（1年後）　2012年3月29日撮影

宮城県

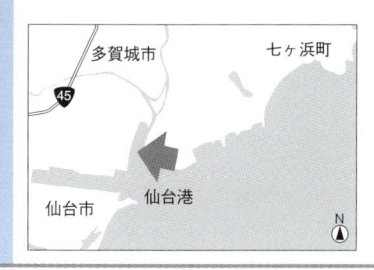

仙台港・多賀城市

被災前　2010年7月撮影

被災後　2011年6月9日撮影

宮城県

仙台港高砂コンテナターミナル

被災前　2010年12月撮影

被災後　2011年4月5日撮影

被災後（6ヶ月後）　2011年10月4日撮影

宮城県

仙台港・蒲生

被災前　2010年9月撮影

被災後　2011年4月5日撮影

被災後（6ヶ月後）　2011年10月18日撮影

被災後（1年後）　2012年3月29撮影

宮城県

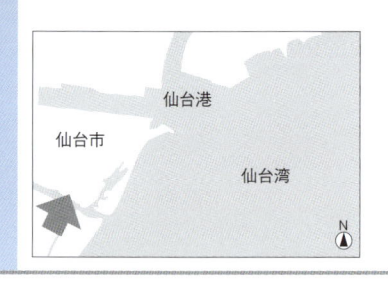

仙台市宮城野区蒲生

被災前　1999年10月撮影

仙台港

蒲生干潟

七北田川

158

被災後　2011年6月9日撮影

被災後（1年後）　2012年3月29日撮影

宮城県

仙台市宮城野区蒲生

被災前　1998年10月撮影

蒲生干潟

七北田川

被災後　2011年4月5日撮影

被災後（6ヶ月後）　2011年10月4日撮影

被災後（1年後）　2012年3月14日撮影

宮城県

仙台市若林区荒浜から仙台空港

被災前　1996年7月撮影

被災後　2011年4月17日撮影

被災後（6ヶ月後）　2011年10月18日撮影

宮城県

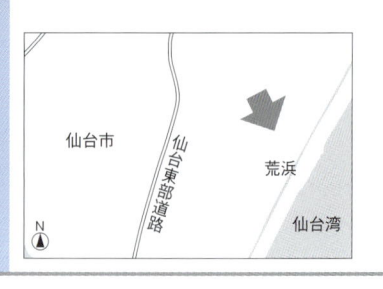

仙台市若林区荒浜

被災前　2003年9月撮影

被災後　2011年4月17日撮影

被災後（6ヶ月後）　2011年10月4日撮影

被災後（1年後）　2012年3月29日撮影

仙台市若林区荒浜

宮城県

被災前　2007年6月撮影

被災後　2011年6月9日撮影

被災後（1年後）　2012年3月29日撮影

宮城県

名取市閖上

被災前　2001年9月24日撮影

被災後　2011年3月27日撮影

被災後（6ヶ月後）　2011年10月4日撮影

被災後（1年後）　2012年3月29日撮影

宮城県

名取市閖上

被災前　2004年4月撮影

被災後　2011年7月6日撮影

被災後（6ヶ月後）　2011年9月29日撮影

宮城県

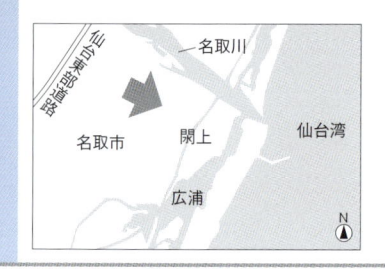

名取市閖上

被災前　2007年5月撮影

被災後　2011年4月17日撮影

被災後（6ヶ月後） 2011年10月4日撮影

被災後（1年後） 2012年3月29日撮影

宮城県

名取市閖上・井土浦

被災前　1998年10月撮影

貞山堀
井土浦
名取川
閖上漁港

被災後　2011年4月17日撮影

被災後（6ヶ月後）　2011年10月18日撮影

被災後（1年後）　2012年3月29日撮影

宮城県

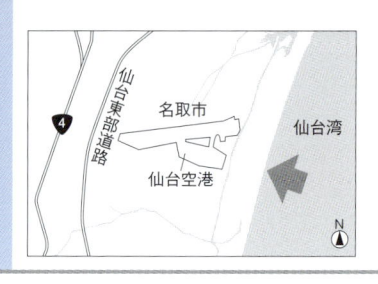

仙台空港

被災前　1999年9月撮影

被災後　2011年3月27日撮影

被災後（6ヶ月後）　2011年10月19日撮影

被災後（1年後）　2012年3月29日撮影

宮城県

仙台空港

被災前　2010年7月撮影

被災後　2011年4月17日撮影

被災後（6ヶ月後）　2011年10月4日撮影

被災後（1年後）　2012年3月29日撮影

宮城県

仙台空港ターミナル

被災前　2010年9月撮影

被災後　2011年3月27日撮影

宮城県

岩沼市二の倉工業団地

被災前　1998年5月撮影

被災後　2011年4月17日撮影

被災後（6ヶ月後）　2011年10月18日撮影

被災後（1年後）　2012年3月29日撮影

宮城県

亘理町阿武隈川河口

被災前　2005年8月撮影

被災後　2011年4月17日撮影

被災後（6ヶ月後）　2011年9月29日撮影

被災後（1年後）　2012年3月29日撮影

宮城県

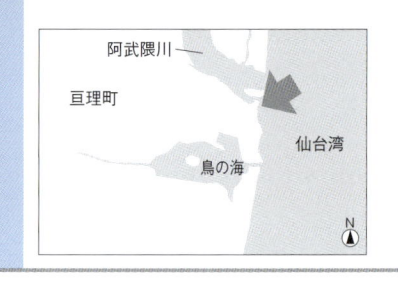

亘理町鳥の海

被災前　1998年10月撮影

被災後　2011年3月27日撮影

被災後（6ヶ月後）　2011年10月4日撮影

被災後（1年後）　2012年3月29日撮影

宮城県

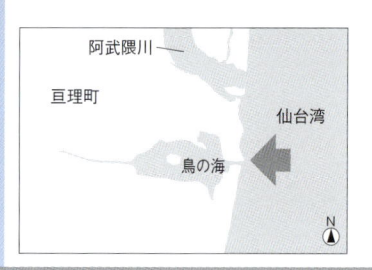

亘理町鳥の海

被災前　1998年5月撮影

被災後　2011年4月17日撮影

被災後（6ヶ月後）　2011年10月4日撮影

宮城県

亘理町鳥の海

被災前　2003年6月撮影

被災後　2011年4月17日撮影

被災後（6ヶ月後）　2011年10月4日撮影

被災後（1年後）　2012年3月29日撮影

宮城県

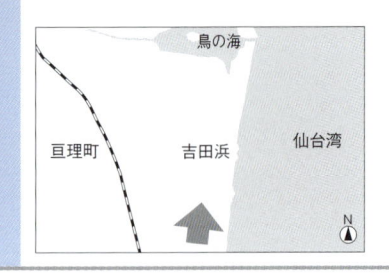

亘理町吉田浜

被災前　2007年6月撮影

鳥の海

防潮林

被災後（6ヶ月後） 2011年10月4日撮影

宮城県

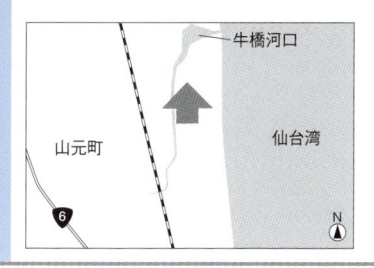

山元町花釜

被災前　2007年6月撮影

被災後（6ヶ月後）　2011年10月4日撮影

被災後（1年後）　2012年3月29日撮影

宮城県

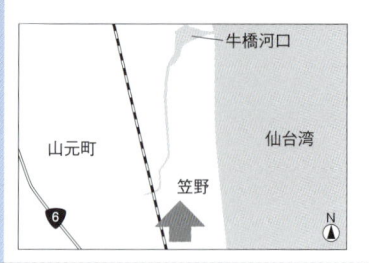

山元町笠野

被災前　2007年6月撮影

防潮林

山元海岸

山下第二小学校

被災後（6ヶ月後）　2011年10月4日撮影

宮城県

山元町新浜

被災前　2007年6月撮影

防潮林

山元海岸

被災後（6ヶ月後）　2011年10月4日撮影

宮城県

山元町坂元

被災前　2007年6月撮影

被災後（6ヶ月後） 2011年10月4日撮影

宮城県

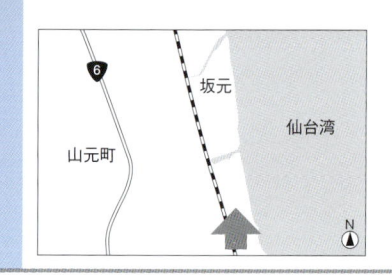

山元町坂元

被災前　2007年6月撮影

被災後（6ヶ月後）　2011年10月4日撮影

被災後（1年後）　2012年3月29日撮影

宮城県

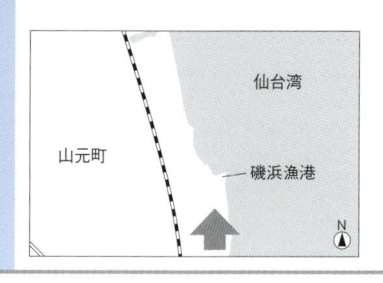

仙台湾 / 山元町 / 磯浜漁港

山元町磯浜

被災前　2007年6月撮影

山元海岸

磯浜漁港

JR常磐線

被災後（6ヶ月後）　2011年10月4日撮影

被災後（1年後）　2012年3月29日撮影

宮城県

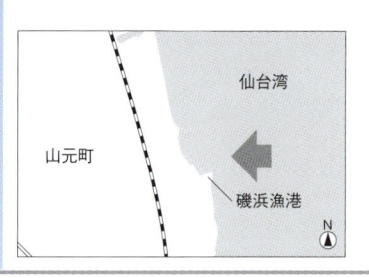

山元町磯浜

被災前　2007年10月撮影

被災後　2011年6月6日撮影

岩手県
Iwate

● 岩泉町

① 小本港　　　　　　210〜215

● 宮古市

② 田老町　　　　　　216〜221
③ 宮古港　　　　　　222〜233
④ 宮古港・木材港　　234〜237
⑤ 津軽石　　　　　　238〜243

● 山田町

⑥ 中心部　　　　　　244〜249
⑦ 織笠　　　　　　　250〜253
⑧ 船越　　　　　　　254〜259

国土地理院（承認番号　平23東複、第119号）

- ●大槌町
  - ⑨吉里吉里　　　　260〜261
  - ⑩中心部　　　　　262〜271

- ●釜石市
  - ⑪片岸町・鵜住居町　272〜281
  - ⑫両石町　　　　　282〜283
  - ⑬釜石港　　　　　284〜287
  - ⑭唐丹町　　　　　288〜289

- ●大船渡市
  - ⑮三陸町越喜来　　290〜291
  - ⑯中心部・大船渡港　292〜297
  - ⑰赤崎町・盛町　　298〜301
  - ⑱末崎町　　　　　302〜303
  - ⑲大船渡湾・湾口防波堤　304〜307

- ●陸前高田市
  - ⑳中心部・高田松原　308〜319
  - ㉑沼田　　　　　　320〜321
  - ㉒広田町　　　　　322〜323

国土地理院（承認番号　平23東複、第119号）

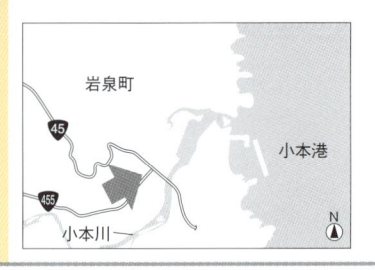

岩手県

岩泉町小本港

被災前　2005年6月撮影

被災後　2011年4月18日撮影

被災後（8ヶ月後）　2011年11月10日撮影

被災後（1年後）　2012年3月29日撮影

岩手県

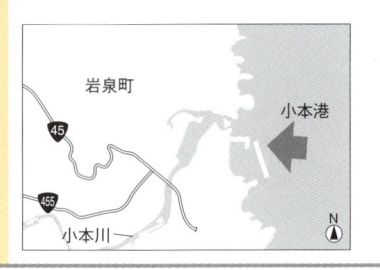

岩泉町小本港

被災前　2005年11月撮影

被災後　2011年4月18日撮影

被災後（6ヶ月後）　2011年9月27日撮影

岩手県

岩泉町小本港

被災前　2010年3月撮影

小本川

国道45号

小本川

小本港

被災後　2011年4月18日撮影

被災後（8ヶ月後）　2011年11月10日撮影

岩手県

宮古市田老町

被災前　2010年3月撮影

田老第一中学校
田老第一小学校
防潮堤[河川局] 標高10.0m (S9〜S42)
防潮堤[水産庁] (S37〜S53)
田老漁港

被災後　2011年3月28日撮影

被災後（6ヶ月後）　2011年9月27日撮影

被災後（1年後）　2012年3月29日撮影

岩手県

宮古市田老町

被災前　2007年8月撮影

防潮堤[河川局]
標高10.0m (S9～S42)
田老第一小学校
田老第一中学校
田老漁港
防潮堤[水産庁]
(S37～S53)

被災後　2011年3月28日撮影

被災後（6ヶ月後）　2011年9月27日撮影

被災後（1年後）　2012年3月29日撮影

岩手県

宮古市田老町

被災前　2005年7月撮影

被災後　2011年4月18日撮影

被災後（6ヶ月後）　2011年9月27日撮影

岩手県

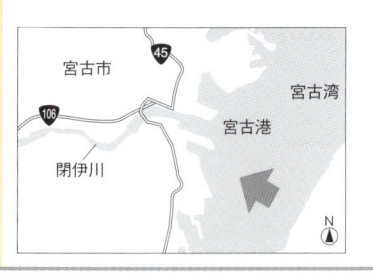

宮古港

被災前　2007年10月撮影

被災後　2011年3月28日撮影

被災後（8ヶ月後）　2011年11月10日撮影

被災後（1年後）　2012年3月29日撮影

岩手県

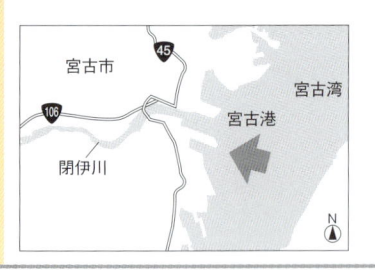

宮古港

被災前　2007年10月撮影

被災後　2011年3月28日撮影

被災後（6ヶ月後）　2011年9月27日撮影

被災後（1年後）　2012年4月10日撮影

岩手県

宮古市 宮古港 閉伊川 宮古湾

宮古市閉伊川河口

被災前　2010年3月撮影

被災後　2011年6月6日撮影

被災後（8ヶ月後）　2011年11月10日撮影

岩手県

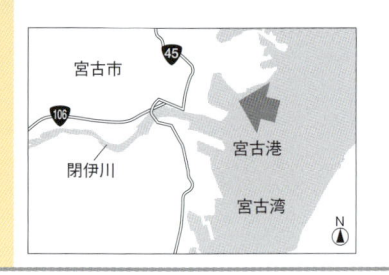

宮古港

被災前　2010年3月撮影

被災後　2011年4月5日撮影

被災後（8ヶ月後）　2011年11月10日撮影

被災後（1年後）　2012年3月29日撮影

岩手県

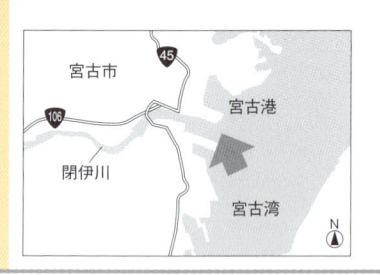

宮古市臨港通

被災前　2009年8月撮影

宮古港

宮古市魚市場

道の駅みやこ

被災後　2011年3月28日撮影

被災後（6ヶ月後）　2011年9月27日撮影

岩手県

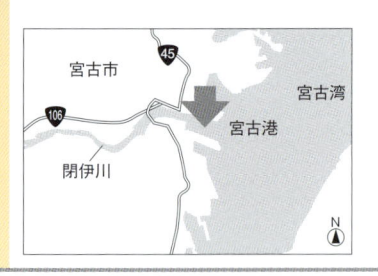

宮古市藤原・磯鶏

被災前　2005年6月撮影

被災後　2011年3月28日撮影

被災後（6ヶ月後）　2011年9月27日撮影

岩手県

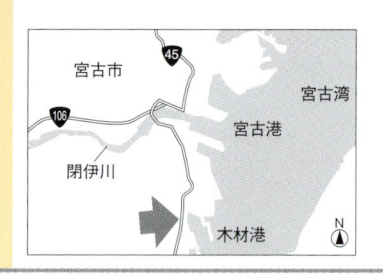

宮古市木材港

被災前　2005年6月撮影

重茂半島

宮古湾

木材港

国道45号

被災後　2011年6月6日撮影

被災後（8ヶ月後）　2011年11月10日撮影

岩手県

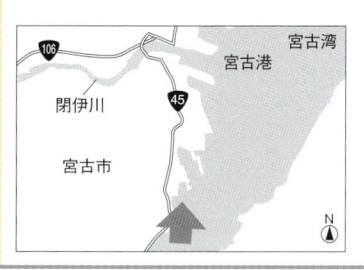

宮古港

被災前　1998年10月撮影

国道45号

宮古港
木材港

被災後　2011年6月6日撮影

被災後（8ヶ月後）　2011年11月10日撮影

岩手県

宮古市津軽石

被災前　2010年3月撮影

被災後　2011年3月27日撮影

被災後（6ヶ月後）　2011年9月27日撮影

岩手県

宮古市　宮古湾　津軽石川　津軽石　45　N

宮古市津軽石

被災前　2010年3月撮影

赤前小学校

宮古湾

宮古運動公園

津軽石川

被災後　2011年3月28日撮影

被災後（8ヶ月後）　2011年11月10日撮影

岩手県

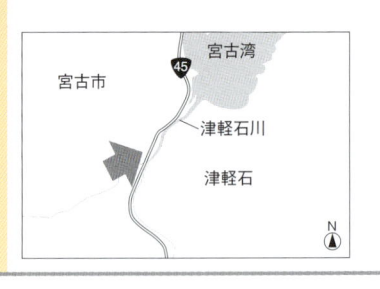

宮古市津軽石

被災前　2009年10月撮影

被災後　2011年3月28日撮影

被災後（8ヶ月後）　2011年11月10日撮影

被災後（1年後）　2012年3月29日撮影

岩手県

山田町

被災前　2010年3月撮影

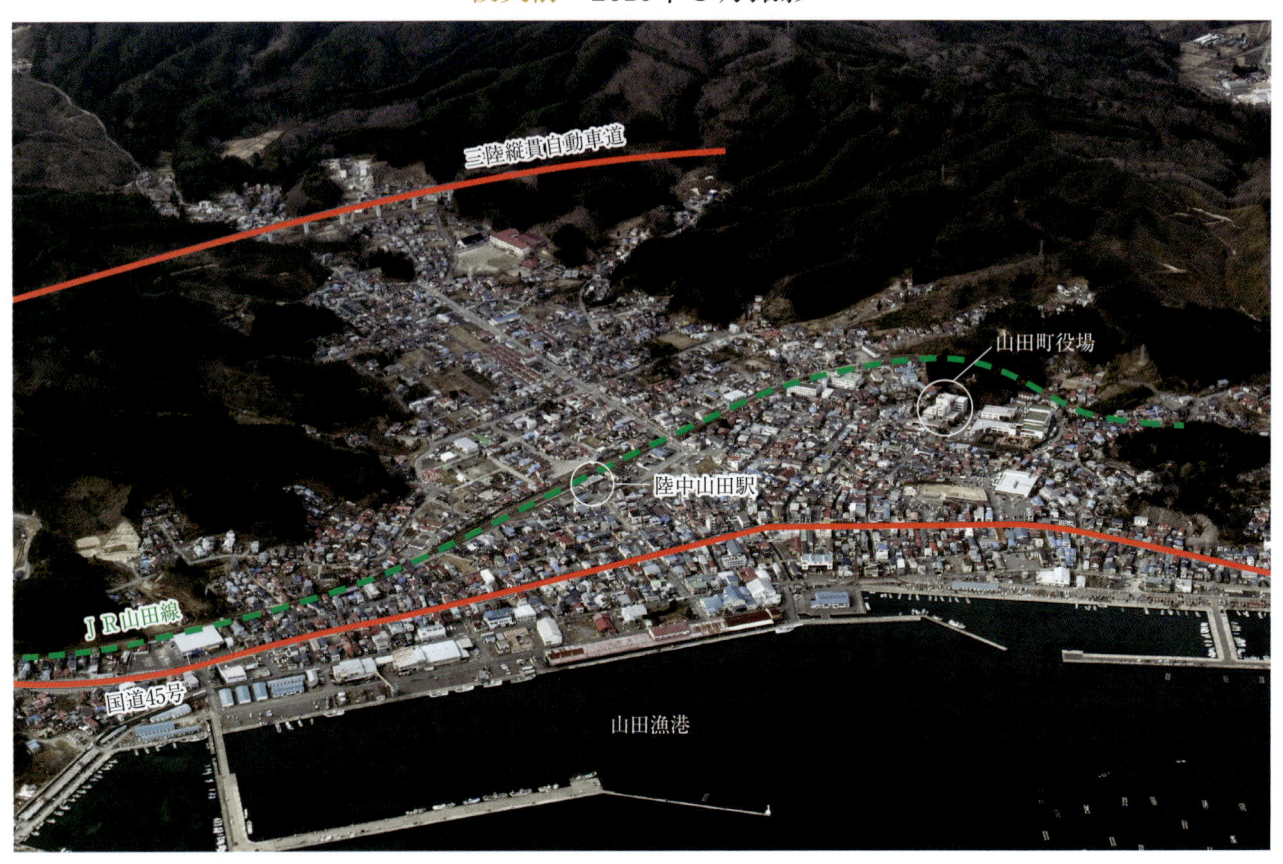

被災後　2011年3月28日撮影

被災後（6ヶ月後）　2011年9月27日撮影

被災後（1年後）　2012年3月29日撮影

岩手県

山田町

被災前　2010年3月撮影

被災後　2011年3月28日撮影

被災後（6ヶ月後） 2011年9月27日撮影

被災後（1年後） 2012年3月29日撮影

岩手県

山田町　三陸縦貫自動車道　山田湾　山田漁港　45

山田町

被災前　2009年4月撮影

山田湾

山田漁港

陸中山田駅

JR山田線

国道45号

被災後　2011年4月25日撮影

被災後（8ヶ月後）　2011年11月10日撮影

岩手県

山田町織笠

被災前　2010年3月撮影

被災後　2011年4月5日撮影

被災後（8ヶ月後）　2011年11月10日撮影

岩手県

山田町織笠

被災前　2003年4月撮影

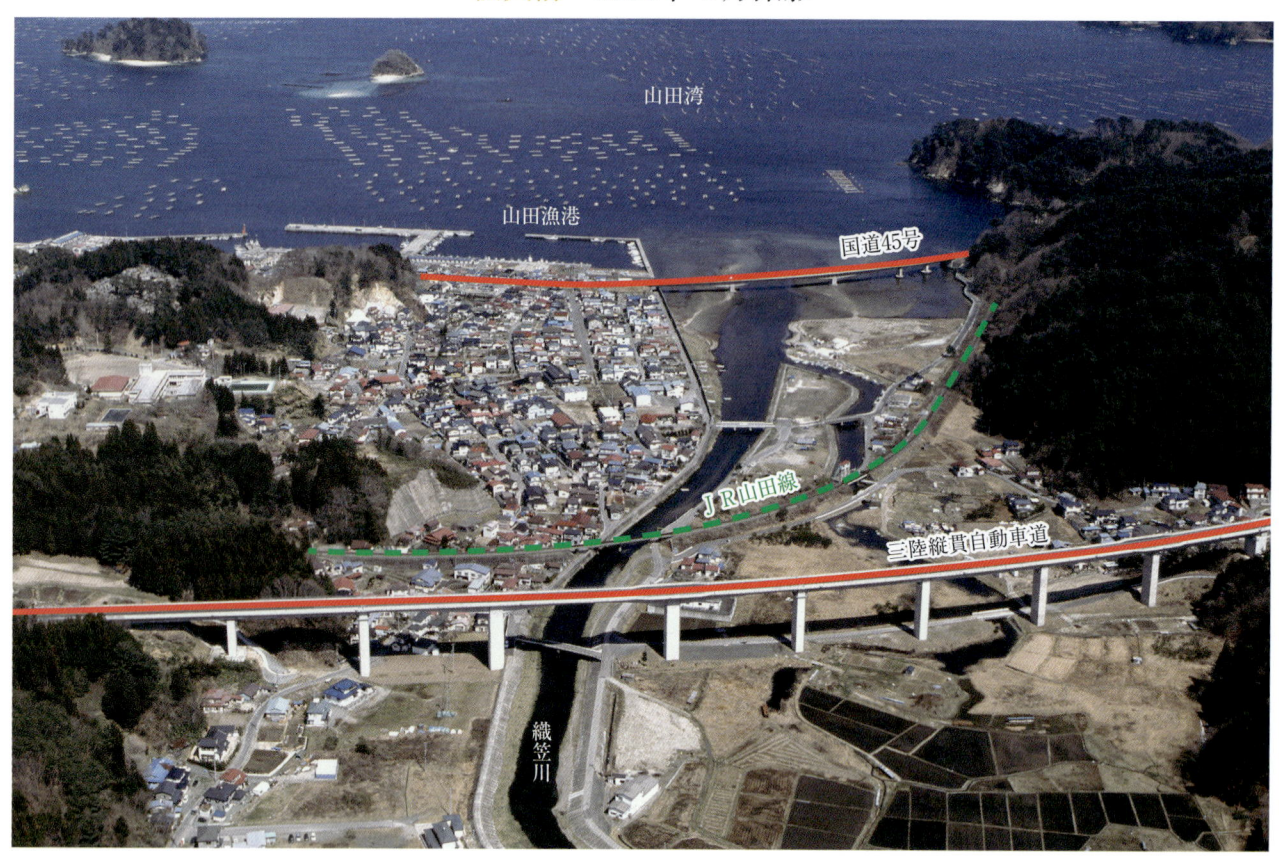

山田湾
山田漁港
国道45号
JR山田線
三陸縦貫自動車道
織笠川

被災後　2011年4月25日撮影

被災後（8ヶ月後）　2011年11月10日撮影

被災後（1年後）　2012年3月29日撮影

岩手県

山田町船越

被災前　2010年3月撮影

被災後　2011年3月28日撮影

被災後（6ヶ月後）　2011年9月27日撮影

被災後（1年後）　2012年4月10日撮影

岩手県

山田町船越

被災前　1996年3月撮影

被災後　2011年3月28日撮影

被災後（8ヶ月後）　2011年11月10日撮影

岩手県

山田町船越

被災前　2007年5月撮影

被災後　2011年3月28日撮影

被災後（8ヶ月後）　2011年11月10日撮影

被災後（1年後）　2012年3月29日撮影

岩手県

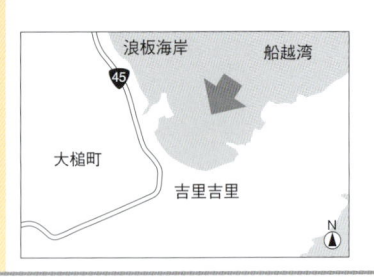

大槌町吉里吉里

被災前　2010年3月撮影

被災後　2011年3月28日撮影

被災後（6ヶ月後）　2011年9月27日撮影

被災後（1年後）　2012年4月10日撮影

岩手県

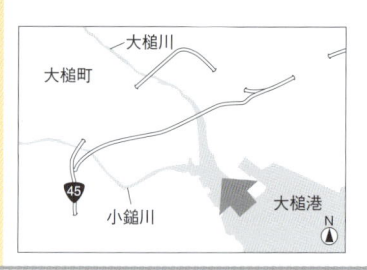

大槌町

被災前　2003年4月撮影

国道45号
JR山田線
大槌駅
大槌町役場
大槌川
大槌港

被災後　2011年4月18日撮影

被災後（8ヶ月後）　2011年11月10日撮影

被災後（1年後）　2012年4月10日撮影

岩手県

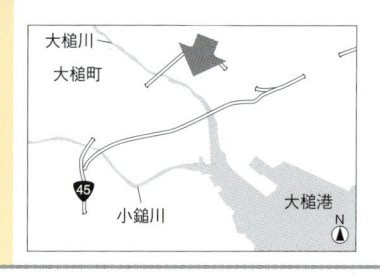

大槌町

被災前　2010年3月撮影

被災後　2011年3月28日撮影

被災後（8ヶ月後）　2011年11月10日撮影

被災後（1年後）　2012年4月10日撮影

岩手県

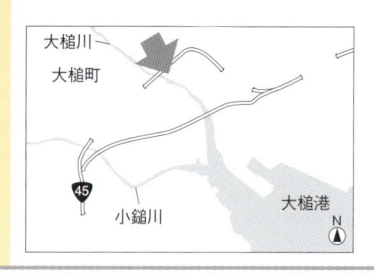

大槌町

被災前　2010年3月撮影

被災後　2011年3月28日撮影

被災後（6ヶ月後）　2011年9月27日撮影

被災後（1年後）　2012年4月10日撮影

岩手県

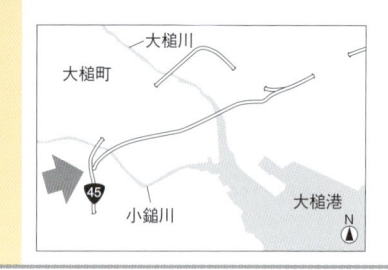

大槌町

被災前　2007年10月撮影

被災後　2011年3月28日撮影

被災後(8ヶ月後)　2011年11月10日撮影

被災後(1年後)　2012年3月29日撮影

岩手県

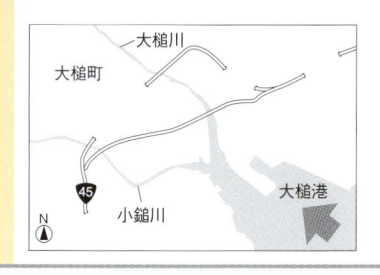

大槌港

被災前　2004年2月撮影

270

被災後　2011年3月28日撮影

被災後（8ヶ月後）　2011年11月10日撮影

岩手県

釜石市片岸町・鵜住居町

被災前　2010年3月撮影

被災後　2011年3月28日撮影

被災後（6ヶ月後）　2011年9月27日撮影

岩手県

釜石市片岸町・鵜住居町

被災前　2010年3月撮影

被災後　2011年3月28日撮影

被災後（8ヶ月後）　2011年11月10日撮影

被災後（1年後）　2012年3月29日撮影

岩手県

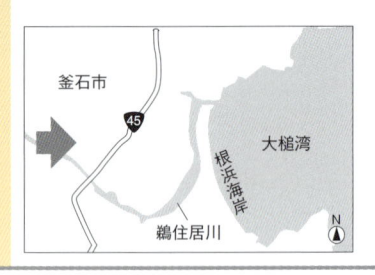

釜石市片岸町・鵜住居町

被災前　2010年3月撮影

被災後　2011年3月28日撮影

被災後（8ヶ月後）　2011年11月10日撮影

被災後（1年後）　2012年3月29日撮影

岩手県

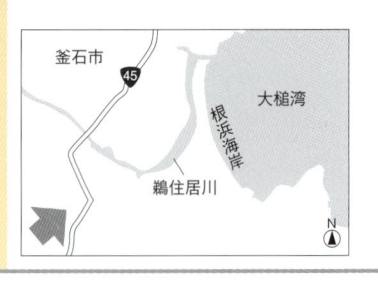

釜石市片岸町・鵜住居町

被災前　2007年10月撮影

被災後　2011年3月28日撮影

被災後(6ヶ月後) 2011年9月27日撮影

被災後(1年後) 2012年4月10日撮影

岩手県

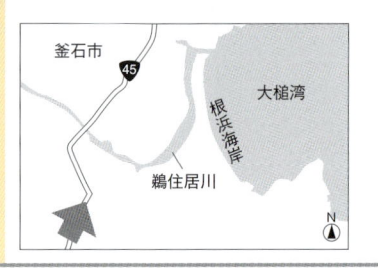

釜石市片岸町・鵜住居町

被災前　2005年8月撮影

被災後　2011年3月28日撮影

被災後（8ヶ月後）　2011年11月10日撮影

岩手県

釜石市両石港

被災前　2010年3月撮影

両石港

被災後　2011年4月5日撮影

被災後（6ヶ月後）　2011年9月27日撮影

岩手県

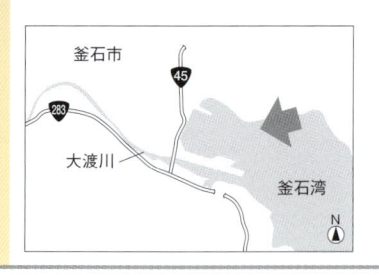

釜石港

被災前　2010年3月撮影

被災後　2011年4月18日撮影

被災後（8ヶ月後）　2011年11月10日撮影

被災後（1年後）　2012年3月29日撮影

岩手県

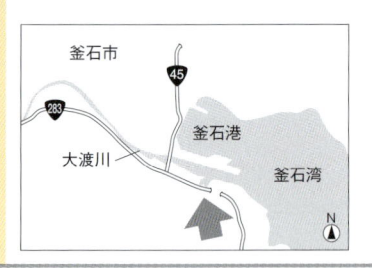

釜石港

被災前　2006年9月撮影

被災後　2011年3月28日撮影

被災後（6ヶ月後）　2011年9月27日撮影

岩手県

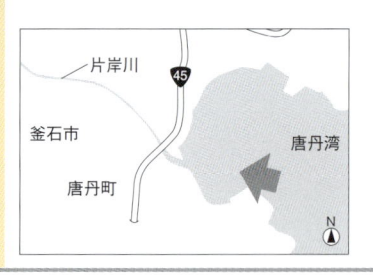

釜石市唐丹町

被災前　2010年3月撮影

被災後　2011年4月5日撮影

被災後（8ヶ月後）　2011年11月10日撮影

被災後（1年後）　2012年3月16日撮影

岩手県

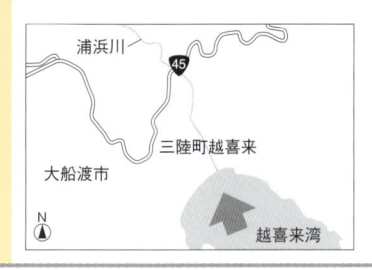

大船渡市三陸町越喜来

被災前　2010年3月撮影

被災後　2011年3月28日撮影

被災後（6ヶ月後）　2011年9月27日撮影

被災後（1年後）　2012年3月16日撮影

岩手県

大船渡市

被災前　2009年11月撮影

被災後　2011年4月17日撮影

被災後（6ヶ月後）　2011年9月27日撮影

岩手県

大船渡市

被災前　2010年3月撮影

被災後　2011年3月28日撮影

被災後（6ヶ月後）　2011年9月27日撮影

被災後（1年後）　2012年3月30日撮影

岩手県

大船渡市

被災前　2010年3月撮影

被災後　2011年3月28日撮影

被災後（6ヶ月後）　2011年9月27日撮影

岩手県

大船渡市赤崎町

被災前　1998年10月撮影

赤崎小学校

大船渡港

盛川

被災後　2011年4月5日撮影

被災後（8ヶ月後）　2011年11月10日撮影

岩手県

大船渡市赤崎町・盛町

被災前　2008年10月撮影

被災後　2011年3月28日撮影

被災後（8ヶ月後）　2011年11月10日撮影

被災後（1年後）　2012年3月30日撮影

岩手県

大船渡市末崎町

被災前　2010年3月撮影

細浦駅

大船渡湾

JR大船渡線

被災後　2011年3月28日撮影

被災後（8ヶ月後）　2011年11月10日撮影

被災後（1年後）　2012年3月30日撮影

岩手県

大船渡湾

被災前　2008年10月撮影

被災後　2011年4月17日撮影

被災後（8ヶ月後）　2011年11月10日撮影

被災後（1年後）　2012年3月14日撮影

岩手県

大船渡湾・湾口防波堤

被災前　2009年11月撮影

被災後　2011年3月28日撮影

被災後（6ヶ月後）　2011年9月27日撮影

被災後（1年後）　2012年3月30日撮影

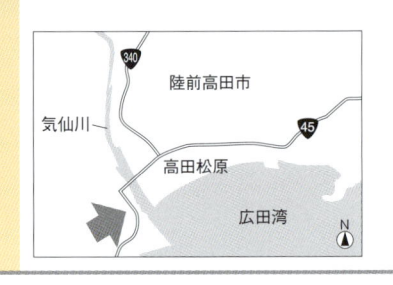

岩手県

陸前高田市高田松原

被災前　2010年3月撮影

被災後　2011年3月27日撮影

308

被災後（6ヶ月後） 2011年9月27日撮影

被災後（1年後） 2012年3月30日撮影

岩手県

陸前高田市

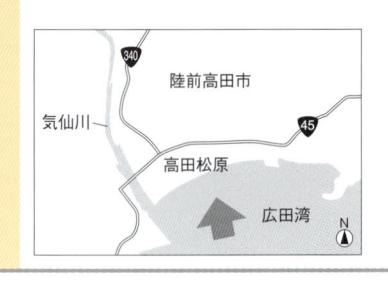

被災前　2002年8月撮影

被災後　2011年3月28日撮影

被災後（6ヶ月後）　2011年9月27日撮影

被災後（1年後）　2012年3月30日撮影

岩手県

陸前高田市

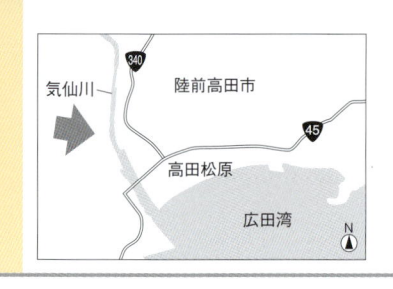

被災前　2007年5月撮影

被災後　2011年3月28日撮影

被災後（6ヶ月後）　2011年9月27日撮影

被災後（1年後）　2012年3月30日撮影

岩手県

陸前高田市

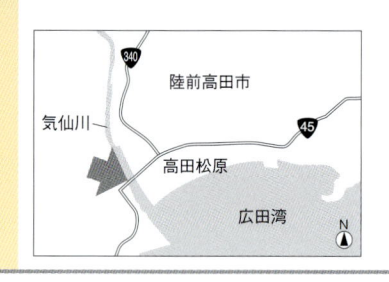

被災前　1996年4月撮影

被災後　2011年6月6日撮影

被災後（8ヶ月後）　2011年11月10日撮影

被災後（1年後）　2012年3月14日撮影

岩手県

陸前高田市

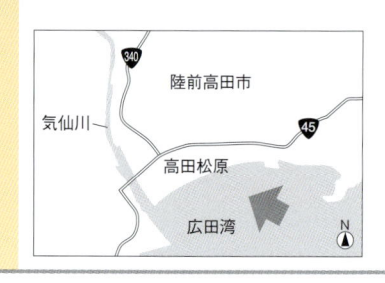

被災前　2005年6月撮影

316

被災後　2011年3月28日撮影

被災後（8ヶ月後）　2011年11月10日撮影

岩手県

陸前高田市

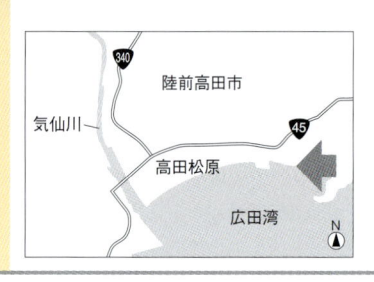

被災前　2002年8月撮影

被災後　2011年6月19日撮影

被災後（8ヶ月後）　2011年11月10日撮影

被災後（1年後）　2012年3月30日撮影

岩手県

陸前高田市沼田

被災前　2008年10月撮影

被災後　2011年3月28日撮影

被災後（8ヶ月後）　2011年11月10日撮影

岩手県

大野湾
陸前高田市
広田町
N

陸前高田市広田

被災前　2010年3月撮影

広田漁港
広田中学校　高田高校広田校舎
大野湾

被災後　2011年6月6日撮影

被災後（8ヶ月後）　2011年11月10日撮影

被災後（1年後）　2012年3月16日撮影

福島県
Fukushima

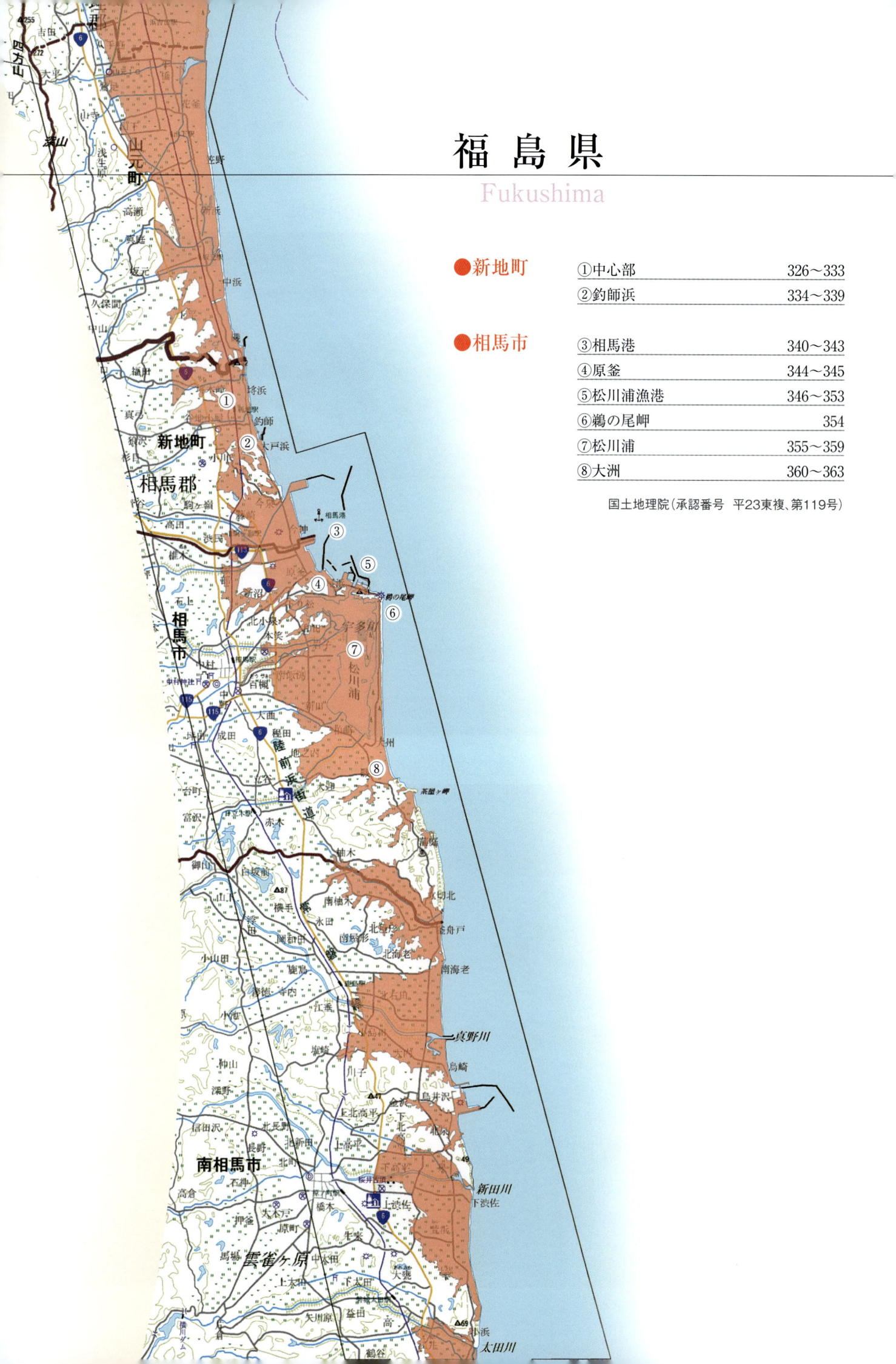

● 新地町

①中心部	326〜333
②釣師浜	334〜339

● 相馬市

③相馬港	340〜343
④原釜	344〜345
⑤松川浦漁港	346〜353
⑥鵜の尾岬	354
⑦松川浦	355〜359
⑧大洲	360〜363

国土地理院（承認番号　平23東複、第119号）

● いわき市

⑨ 平薄磯　　　364〜365
⑩ 平豊間　　　366〜367

国土地理院（承認番号　平23東複、第119号）

福島県

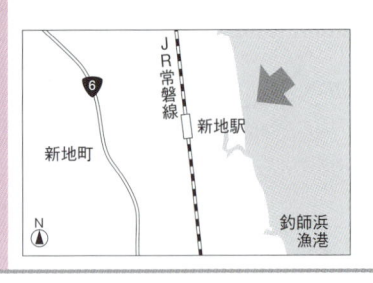

新地町

被災前　2006年5月撮影

新地町役場／国道6号／JR常磐線／新地駅／新地浄化センター

被災後　2011年6月6日撮影

被災後（6ヶ月後）　2011年10月4日撮影

被災後（1年後）　2012年3月29日撮影

福島県

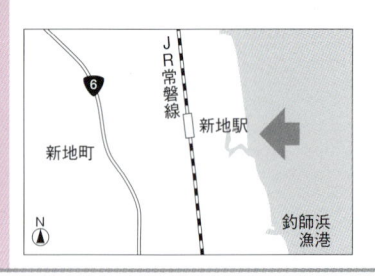

新地町

被災前　2010年3月撮影

被災後　2011年6月9日撮影

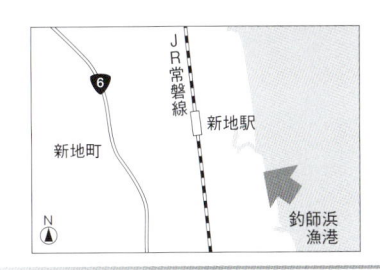

新地町

被災前　2006年5月撮影

被災後　2011年6月6日撮影

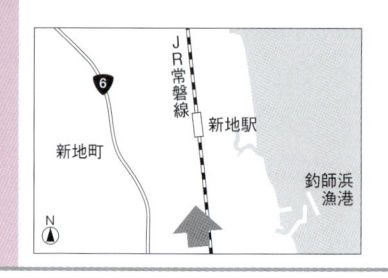

福島県

新地町

被災前　2006年5月撮影

被災後　2011年6月6日撮影

被災後(6ヶ月後) 2011年10月4日撮影

被災後(1年後) 2012年3月29日撮影

福島県 / 山元町 / 仙台湾 / 磯浜漁港

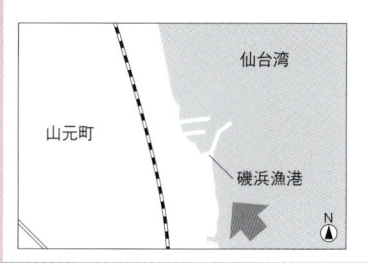

新地町から山元町磯浜

被災前　1998年5月撮影

JR常磐線

磯浜漁港

被災後　2011年6月6日撮影

被災後（6ヶ月後）　2011年10月4日撮影

福島県

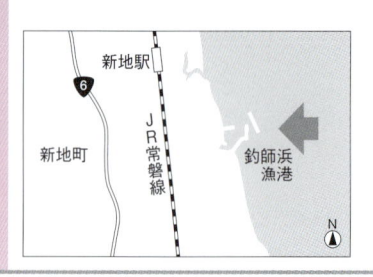

新地町釣師浜

被災前　2009年3月撮影

国道6号
新地町役場
JR常磐線
新地駅
新地浄化センター
釣師浜漁港

被災後　2011年6月6日撮影

被災後（6ヶ月後）　2011年10月4日撮影

被災後（1年後）　2012年3月29日撮影

福島県

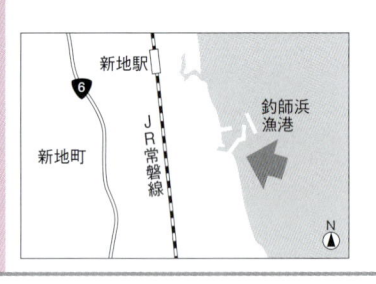

新地町釣師浜

被災前　2008年3月撮影

被災後　2011年6月6日撮影

被災後（6ヶ月後）　2011年9月10日撮影

被災後（1年後）　2012年3月22日撮影

福島県

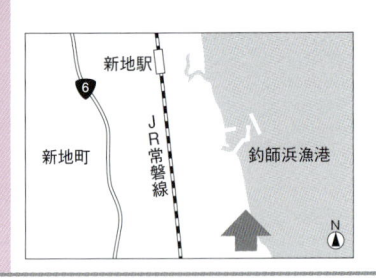

新地町釣師浜

被災前　2007年6月撮影

被災後（6ヶ月後）　2011年10月4日撮影

被災後（1年後）　2012年3月29日撮影

福島県

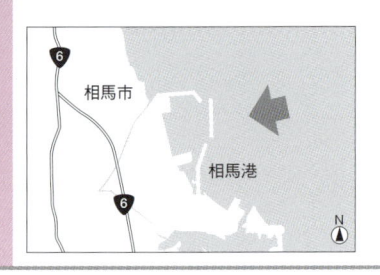

相馬港

被災前　2010年3月撮影

国道6号

相馬港

被災後　2011年6月6日撮影

被災後（6ヶ月後）　2011年10月4日撮影

福島県

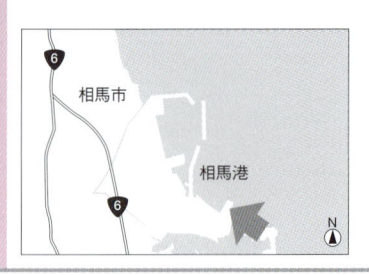

相馬港

被災前　2011年2月撮影

被災後　2011年6月6日撮影

被災後（6ヶ月後）　2011年10月4日撮影

福島県

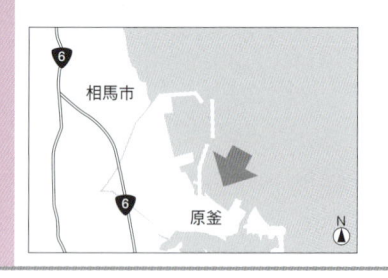

相馬市原釜

被災前　2010年3月撮影

被災後　2011年6月9日撮影

被災後（6ヶ月後）　2011年10月4日撮影

被災後（1年後）　2012年3月29日撮影

福島県

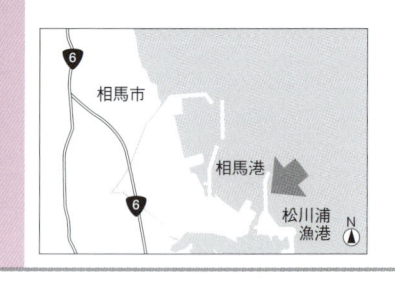

相馬市松川浦漁港

被災前　2003年10月撮影

被災後　2011年6月6日撮影

被災後（6ヶ月後）　2011年10月4日撮影

被災後（1年後）　2012年3月29日撮影

福島県

相馬市尾浜

被災前　2004年2月撮影

松川浦漁港

松川浦

被災後　2011年6月6日撮影

福島県

相馬市松川浦漁港

被災前　2011年2月撮影

被災後　2011年6月9日撮影

被災後（6ヶ月後）　2011年10月4日撮影

被災後（1年後）　2012年3月22日撮影

福島県

相馬市松川浦漁港

被災前　2007年6月撮影

相馬港
松川浦漁港
松川浦
鵜の尾岬

被災後（6ヶ月後）　2011年10月4日撮影

福島県

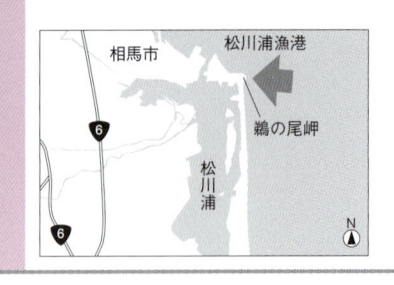

相馬市鵜の尾岬

被災前　2010年3月撮影

被災後（6ヶ月後）　2011年9月7日撮影

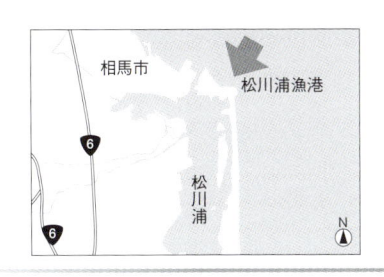

相馬市松川浦

被災前　2010年3月撮影

被災後　2011年6月6日撮影

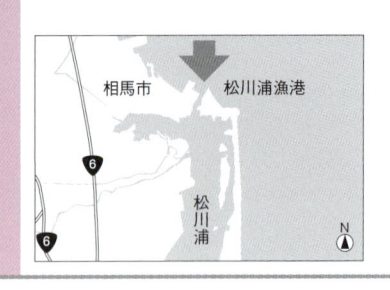

福島県

相馬市松川浦

被災前　2010年3月撮影

被災後　2011年6月6日撮影

被災後（6ヶ月後）　2011年10月4日撮影

被災後（1年後）　2012年3月29日撮影

福島県

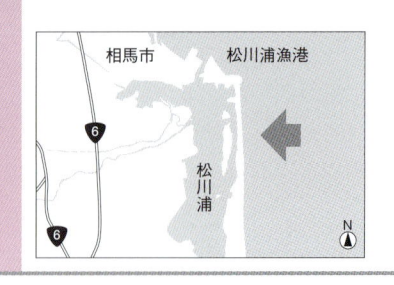

相馬市松川浦

被災前　1998年4月撮影

松川浦

大洲海岸

被災後　2011年6月9日撮影

被災後（6ヶ月後）　2011年9月7日撮影

被災後（1年後）　2012年3月29日撮影

福島県

相馬市大洲

被災前　2007年6月撮影

被災後（6ヶ月後） 2011年10月4日撮影

福島県

相馬市大洲

被災前　2007年6月撮影

相馬港
松川浦
大洲海岸

被災後（6ヶ月後）　2011年9月7日撮影

被災後（1年後）　2012年3月29日撮影

福島県

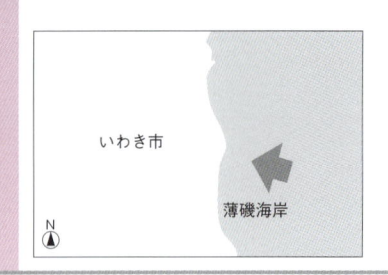

いわき市平薄磯

被災前　2010年7月撮影

被災後（6ヶ月後）　2011年9月24日撮影

被災後（1年後）　2012年3月20日撮影

福島県

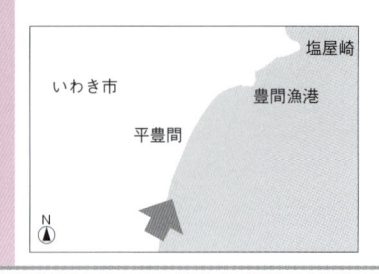

いわき市平豊間

被災前　2010年7月撮影

被災後（6ヶ月後）　2011年9月24日撮影

被災後（1年後）　2012年3月20日撮影

2011.3.11 東日本大震災

津波被災前・後の記録

宮城・岩手・福島　航空写真集

発 行 日	2012年8月11日　第1刷
	2012年10月1日　第2刷
編　　者	社団法人東北建設協会
発 行 者	釜萢　正幸
発 行 所	河北新報出版センター
	〒980-0022　仙台市青葉区五橋一丁目2-28
	株式会社河北新報総合サービス内
	TEL 022(214)3811　FAX 022(227)7666
	http://www.kahoku-ss.co.jp
撮　　影	芳村　忠男・光本　悟・阿部　寛之
印 刷 所	株式会社東北プリント

※被災前写真の地区名等は、関係機関等の資料を参考に表記しております。
※定価は表紙に表示してあります。乱丁・落丁本は交換いたします。
Ⓒ本書の無断複製(コピー)は著作権上の例外を除き禁じられています。

ISBN 978-4-87341-281-8